古刻之美

宋元版刻字体风格谈丛

田艳军 著

天津人民出版社
天津出版传媒集团

图书在版编目（CIP）数据

古刻之美：宋元版刻字体风格谈丛 / 田艳军著. --
天津：天津人民出版社，2022.7
ISBN 978-7-201-18553-8

Ⅰ. ①古… Ⅱ. ①田… Ⅲ. ①宋刻本－书法－研究②元刻本－书法－研究 Ⅳ. ①J292.25

中国版本图书馆 CIP 数据核字 (2022) 第 101622 号

古刻之美：宋元版刻字体风格谈丛
GUKE ZHI MEI: SONG YUAN BANKE ZITI FENGGE TANCONG

出　　版　天津人民出版社
出 版 人　刘　庆
地　　址　天津市和平区西康路 35 号康岳大厦
邮政编码　300051
邮购电话　（022）23332469
电子信箱　reader@tjrmcbs.com

策划编辑　赵子源
责任编辑　霍小青
装帧设计　汤　磊

经　　销　新华书店
开　　本　880 毫米 ×1230 毫米　1/32
印　　张　7.5
字　　数　150 千字
版次印次　2022 年 7 月第 1 版　2022 年 7 月第 1 次印刷
定　　价　88.00 元

引言

楷书发展到宋代，进入了一个特殊的历史时期。宋代书法崇尚帖学，“尚意”书风大兴，行书颇有建树，而楷书式微不振，鲜有经典之作。随着雕版印刷在宋代的兴盛，楷书字体以其点画清晰、结构稳定、规范性强和易于识读的特点，在雕版印刷中被确定为首选字体而得到了广泛应用。楷书之美，又通过雕版印刷这一新的载体呈现于世。

宋代版刻字体传承唐代楷书正脉，并呈现出多样化的风格。通过对现存宋版书的考察，我们可以看到，其版刻字体主要取法欧阳询、褚遂良、颜真卿和柳公权。宋代版刻字体，又有其地域性的特征，所谓“浙刻似欧”“蜀刻类颜”“闽刻兼颜柳”。因此，字体作为版本鉴定的一个重要条件，历来为版本学家们所重视。

谈到元代版刻的字体风格，以往的版本学家们普遍认为当时盛行“赵体”，即元代书法家赵孟　的字体，亦称“松雪体”或“吴兴体”。其实，元代版刻字体的风格是多样的。赵孟　作为元代书坛的领袖，他对元代书法影响巨大，但元代“赵体”风格的版刻书籍并不多。

版刻字体，是由书手与刻工共同完成的。字迹的精美与否，首先取决于书手的书法水平。但是刻工镌刻技术的精粗优劣、运刀习惯，以及对字结构和线型把握得准确与否，决定着版刻字体的最终效果。

古代文人、艺术家参与雕版印刷，也会对字体风格产生影响，并极大地提升了其艺术品位和文化内涵。如廖莹中、周密所主持刊刻的书籍，字体精美、风格纯正，很大程度上与他们的审美趣尚和深厚的文化艺术修养有关。

1989 年秋季的一天，我在位于灯市口的中国书店里，看到了一册林佶手书上版的《渔洋山人精华录》，当时一下子就被其隽秀、精美的字体折服，圆活剔透的刀法将书写笔意表现得淋漓尽致。从此，版刻字体与书法的关系成为我始终关注的一项内容。2000 年，我由部队转业到中国国家图书馆。因为工作关系，有了更多的机会接触到古籍善本。

本书收录了九篇关于宋元版刻字体风格的专论。单从体量上来讲，所涉及的话题和内容是不够全面的，缺点和错误也在所难免。这些，都有待于今后的增补和修订。

田艳军

2022 年 6 月 29 日于京西六至庐

目录

北宋刻本《范文正公文集》

北宋刻本《范文正公文集》

《范文正公文集》二十卷，宋范仲淹撰，北宋刻本（有抄配），现藏于中国国家图书馆。范仲淹（989—1052），字希文，吴县（今江苏苏州）人。据《宋史·范仲淹传》记载，范仲淹两岁丧父，母亲改嫁长山朱氏，遂从其姓朱，名说。范仲淹少年时就有志气，奉行操守，长大后知道了自己的家世，伤感不已，于是流着眼泪辞别母亲，前往应天府（今河南商丘）求学，拜在戚同文[1]门下。范仲淹发奋苦读，大中祥符八

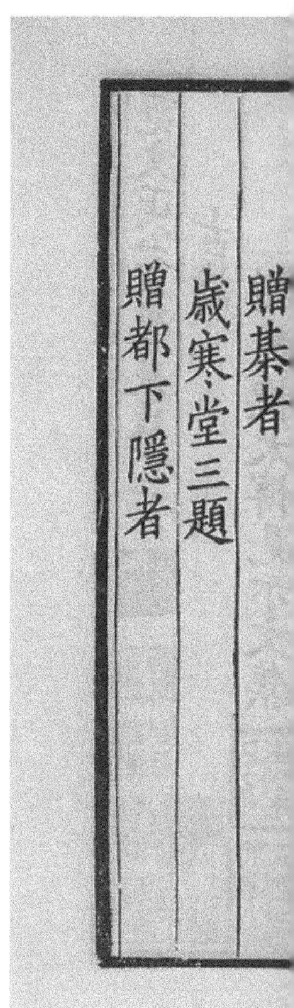
贈棊者
歲寒堂三題
贈都下隱者

① 戚同文（生卒年不详），字同文，宋州楚丘人，生于唐朝末年，五代至北宋初年著名的教育家。详见《宋史·戚同文传》。

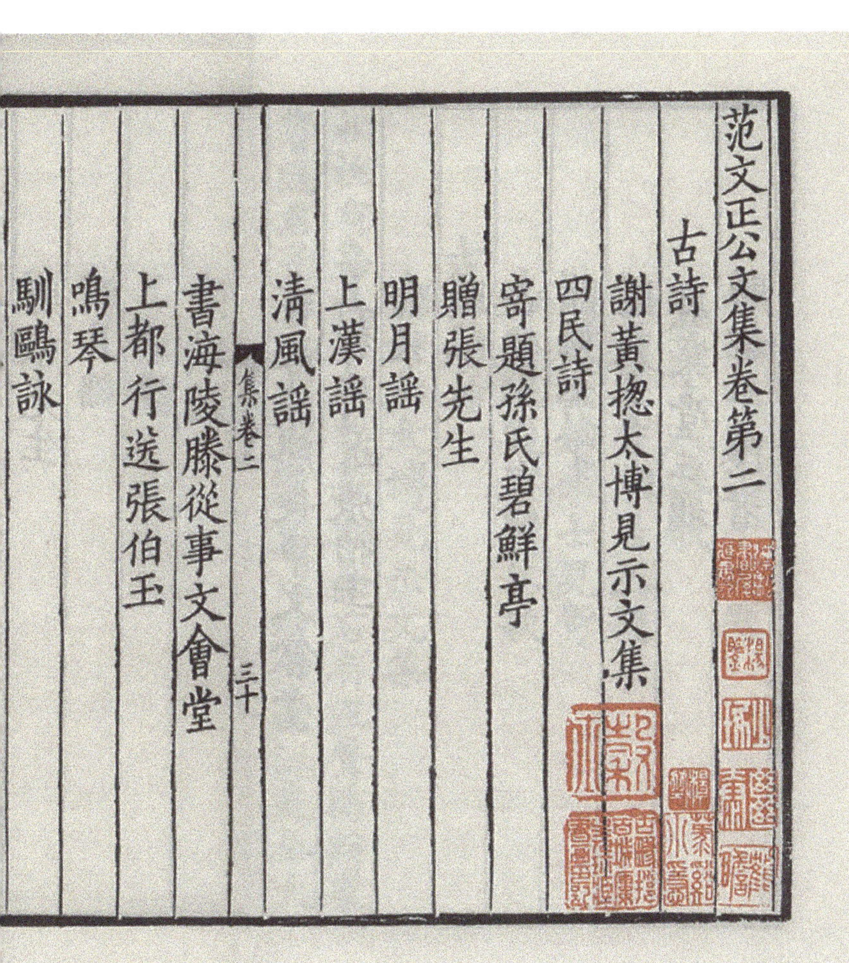

范文正公文集卷第二

古詩

謝黄揔太傅見示文集

四民詩

寄題孫氏碧鮮亭

贈張先生

明月謡

上漢謡

清風謡

集卷二　三十

書海陵滕從事文會堂

上都行送張伯玉

鳴琴

馴鷗詠

◎ 图一　北宋刻本《范文正公文集》书影

何用知之軾曰此天人也耶則不敢知若亦人
耳何爲其不可先生奇軾言盡以告之且曰韓
范富歐陽此四人者人傑也時雖未盡了則已
私識之矣嘉祐二年始舉進士至京師則范公
叙　一
没既葬而墓碑出讀之至流涕曰吾得其爲人
蓋十有五年而不一見其面豈非命也歟是歲
登第始見知于歐陽公因公以識韓富皆以國
士待軾曰恨子不識范文正公其後三年過
許始識公之仲子今丞相堯夫又六年始見其
叔彝叟京師又十一年遂與其季德孺同僚于
餘皆一見如舊且以公之遺藳見屬爲叙又十
三年乃克爲之嗚呼公之功德蓋不待文而顯
其文亦不待叙而傳然不敢辭者自以八歲知

◎ 图二　《范文正公文集》序书影

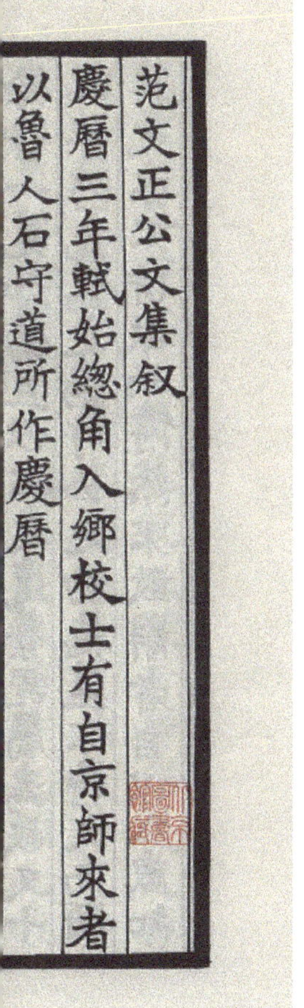
范文正公文集叙
慶曆三年軾始總角入鄉校士有自京師來者
以魯人石守道所作慶曆

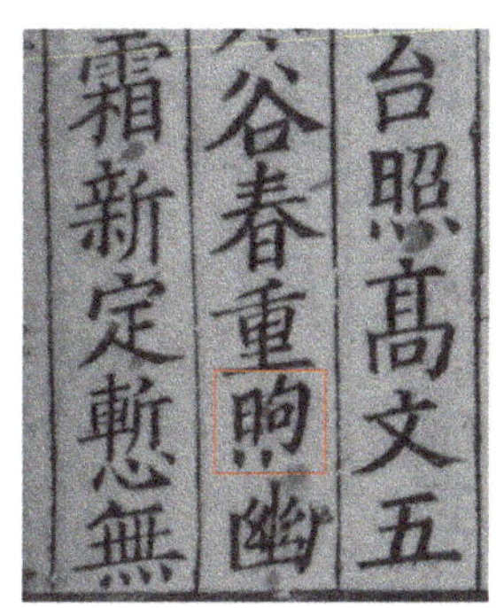
台照高文五
谷春重煦幽
霜新定轗無

◎ 图三 “煦”缺末两点

年（1015）举进士第，被任命为广德军司理参军，范仲淹接回母奉养。天禧元年（1017），范仲淹升为文林郎、任集庆军（今安徽亳州）节度推官，便归宗复姓，并为自己取名仲淹，字希文。宋仁宗时，范仲淹与韩琦率兵同拒西夏，为朝廷所倚重。拜枢密副使，改参知政事、资政殿学士、户部侍郎。在政治上，他锐意进取、倡导改革，发起著名的“庆历新政”。皇祐四年(1052)卒，时年六十四岁，谥文正，宋仁宗以篆书亲笔题写碑额“褒贤之碑”。事迹详见《宋史》本传。范仲淹是北宋杰出的政治家和文学家，其“先天下之忧而忧，后天下之乐而乐”的襟怀，对后世影响深远。

范仲淹有四子：纯祐、纯仁、纯礼、纯粹。范仲淹去世后，其遗稿由他的四个儿子整理。此本《范文正公文集》避讳至“煦”（图三），避宋哲宗赵煦（1085 年 4 月—1100 年 2 月在位）讳，而“吉”“亘”“构”“慎”不缺笔，故定为北宋刻本。每半叶九行，行十八字，白口，黑单鱼尾，左右双边，版心题“集卷一”，下镌叶码，无字数及刻工姓名。卷端题“范文正公文集卷第一”，卷八首叶题“范文公文集”，缺一“正”字（图四）。卷首有元祐四年（1089）四月二十一日苏轼《叙》，《叙》和卷一原缺，傅增湘因请爨颂生依乾道本按行格字数抄

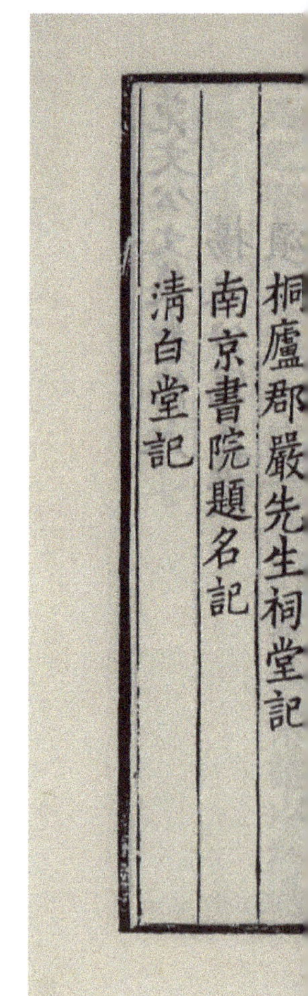
桐廬郡嚴先生祠堂記
南京書院題名記
清白堂記

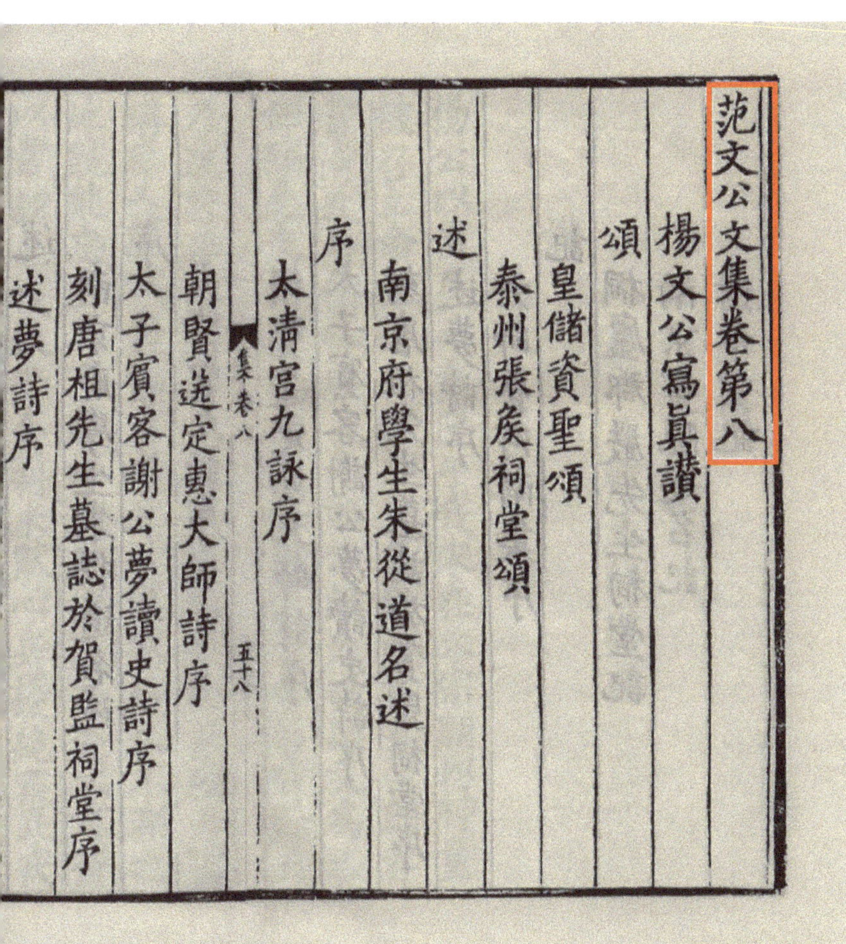

范文公文集卷第八

楊文公寫眞讚

頌

皇儲資聖頌

泰州張侯祠堂頌

述

南京府學生朱從道名述

序

太清宮九詠序

集 卷八 五十八

朝賢送定惠大師詩序

太子賓客謝公夢讀史詩序

刻唐相先生墓誌於賀監祠堂序

述夢詩序

◎ 图四 《范文正公文集》卷八首叶

配[1]。抄配字体与原刻迥异，为魏碑风格，体势生动，点画遒劲有力（图二）。另外，卷二第三十一至三十四叶、卷六第三十四叶、卷七第三十五至四十八叶、卷十一第七十四叶、卷二十第五十二至六十叶亦均为爨颂生抄配。

范仲淹不仅政绩斐然、文学成就突出，而且还擅长书法，取法王羲之《乐毅论》。"宋四家"之一的黄庭坚说："范文正公书落笔痛快沉着，极近晋、宋人书。"文同云："观文正书，如侍其人左右，令人既喜且凛然也。"范仲淹有小楷《道服赞》（图五）传世，今藏于北京故宫博物院。这件作品尺幅不大，纵三十四点八厘米，横四十七点九厘米。有柳贯（1270—1342）、吴宽（1435—1504）、王世贞（1526—1590）等跋。《铁网珊瑚》《清河书画舫》《墨缘汇观》《石渠宝笈初编》《式古堂书画汇考》《平生壮观》等均有著录，是一件流传有绪的真迹。《道服赞》章法疏朗，行气贯通，结字严谨内敛，行笔沉着、痛快、爽利。仔细品味这件小楷作品，我们似乎感受到范仲淹那种虔诚、端庄、认真的态度，贯穿于书写的全过程。这件小楷另一个较为突出的特点，是一些笔画的写法，与南宋晚期版刻字体的形式特征有很多相同之处。仅以"可"字的第一笔长横为例，尖毫斜切下笔，行笔到结尾处顿笔较重，呈较明显的

---

① 参见傅增湘：《藏园群书题记》，上海古籍出版社，1989 年，第 654 页。

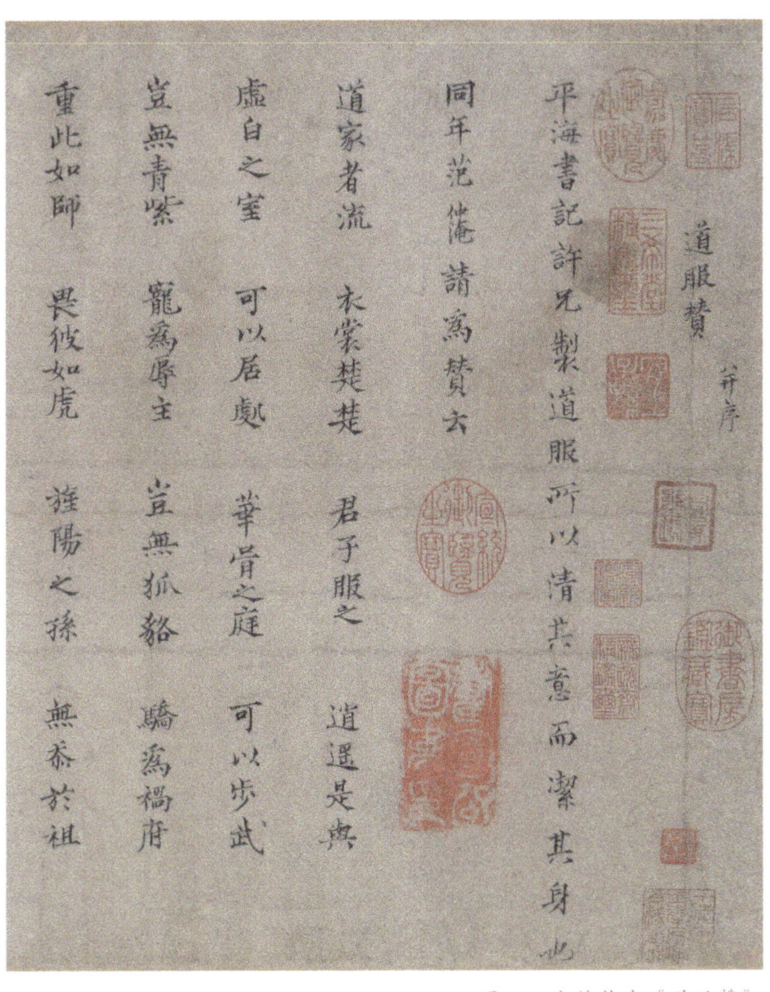
道服贊 幷序
平海書記許兄製道服所以清其意而潔其身也
同年范仲淹請爲贊云
道家者流 衣裳楚楚 君子服之 逍遙是與
虛白之室 可以居處 華胥之庭 可以步武
豈無青紫 寵爲辱主 豈無狐貉 驕爲禍府
重此如師 畏彼如虎 旌陽之孫 無忝於祖

◎ 图五　宋范仲淹《道服赞》

三角形；竖画的写法也大都是尖毫斜切下笔，线条直挺；笔画的转折处多呈方形，棱角分明，孤俏挺拔。这也使得《道服赞》这件小楷作品，看上去有着较浓重的版刻气息。

关于此北宋刻本《范文正公文集》的字体，傅增湘云："结体方劲而行字疏朗，参差衔贯，犹有古人写书遗意。"①

楷书发展到唐代达到鼎盛，诸法悉备，欧阳询、虞世南、褚遂良、颜真卿、柳公权等名家辈出，各领风骚。到了宋代，"尚意"书风大兴，楷书式微不振。苏轼、黄庭坚、米芾、蔡襄等虽然也擅楷书，但他们用力最勤、成就最高的是行书和草书。在"宋四家"中，苏轼、蔡襄的楷书较为突出，他们都取法颜真卿，尤其是蔡襄，大字力追颜真卿，但与颜体楷书那种雄浑朴茂的气度有着较大的差距。纵观两宋书法，其楷书始终没有走出唐楷的樊篱，鲜有法度森严的经典作品，也没有出现开宗立派的楷书大家。

随着雕版印刷在宋代的兴盛，楷书字体以其点画清晰、结构稳定、规范性强和易于识读的特点，在雕版印刷中得到了广泛的应用。宋代版刻楷书传承唐代楷书正脉，并呈现出多样化的风格。明代的张应文（1524—1585）认为宋代的版刻字体"大都书写肥瘦有则，佳者绝有欧、柳笔法"（《清

① 傅增湘：《藏园群书题记》，上海古籍出版社，1989 年，第 654 页。

秘藏》）。谢肇淛（1567—1624）说："凡宋刻有肥瘦两种，肥者学颜，瘦者学欧。行款疏密，任意不一，而字势皆生动。"（《五杂组》）叶德辉（1864—1927）说："宋时刻书，多欧、柳、颜体字，故流传至今，人争宝藏。"（《书林清话》）通过对现存宋刻古籍的考察，我们可以看到唐代楷书对两宋版刻字体的巨大影响，其代表书法家是欧阳询、褚遂良、颜真卿、柳公权。

北宋时期虽然刊刻了大量书籍，但大都没有流传下来。我们从现存为数不多的北宋刻本古籍来看，其字体风格主要是欧体和颜体，或者是欧体与颜体的杂糅。我们从此北宋刻本《范文正公文集》卷二第三十叶（图一）可以看到，其字体与欧体楷书风格十分接近，字形修长，呈纵势；间架紧凑，点画舒展；左右竖画呈相背之势，横画微向右上倾斜，收笔处没有太明显的顿笔动作；笔势连贯，行气贯通；尤其是"见"字最后一笔"竖弯钩"的写法，基本上传承了欧体楷书的笔法。刻工忠实于书手的墨迹原本，在镌刻时并不是简单地一刀切过，而是遵循笔画边廓的起伏变化，运刀熟练、准确，保持了墨迹原本生动的书写意味。

本集的字体又有较明显的颜体楷书特征。仅以卷五第六叶（图六）为例，笔画浑厚、凝重，横竖笔画粗细变化不大；

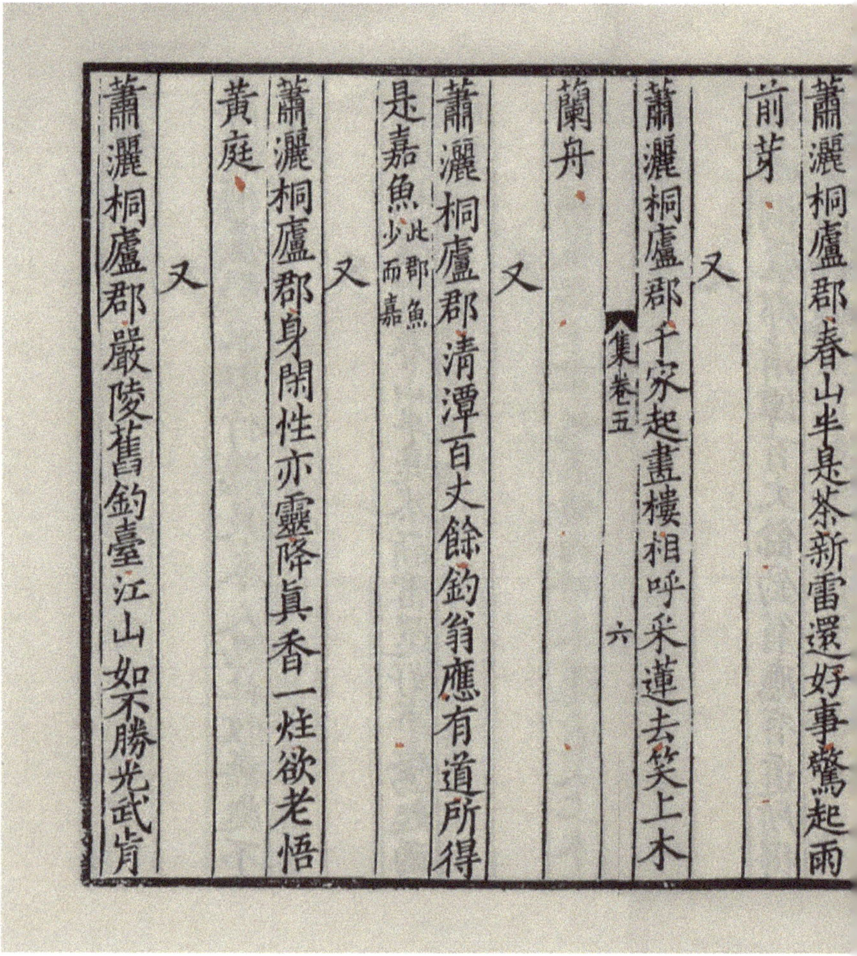

蕭灑桐廬郡春山半是茶新雷還好事驚起雨
前芽
又
蕭灑桐廬郡千家起畫樓相呼采蓮去笑上木
集卷五　六
蘭舟
又
蕭灑桐廬郡清潭百丈餘釣翁應有道所得
是嘉魚此郡魚少而嘉
又
蕭灑桐廬郡身閑性亦靈降真香一炷欲老悟
黃庭
又
蕭灑桐廬郡嚴陵舊釣臺江山如不勝光武肯

◎ 图六　《范文正公文集》卷五第六叶

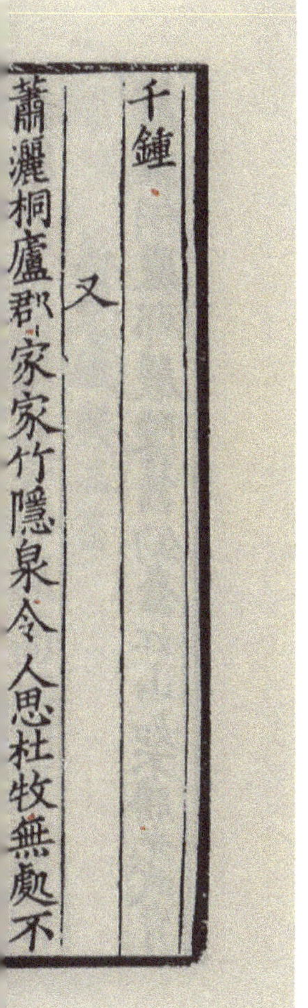

千鍾

又

蕭灑桐廬郡家家竹隱泉令人思杜牧無處不

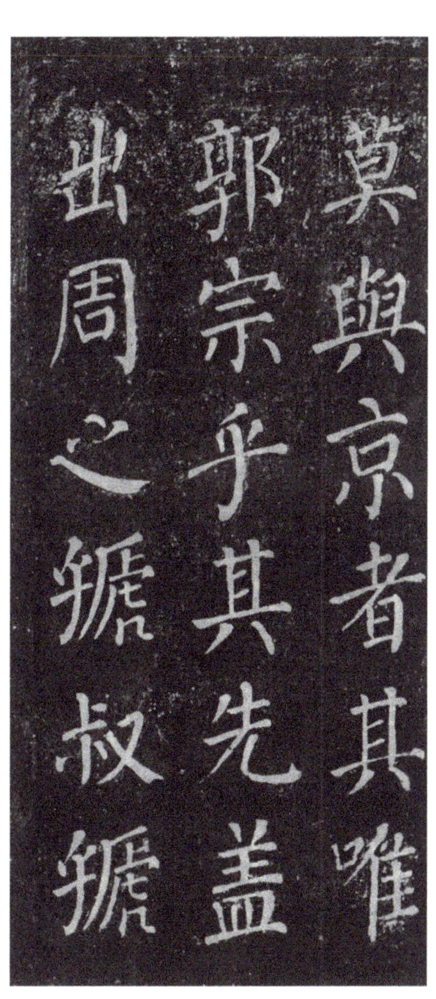

◎ 图七　唐颜真卿《郭家庙碑》局部

字形稍长，重心偏上，体势略向右上攲斜。疏朗流畅，雄浑俊美。这种风格更接近于颜真卿《郭家庙碑》（图七）。

到目前为止，我们还不知道这部书的书手是谁，整部书是否为同一书手抄写。精美的版刻字体，首先取决于书手的书法水平。但刻工技术的精粗优劣，决定版刻字体的最终效果。一般来讲，一部古籍大都由多名刻工共同镌刻完成。刻工们对字体风格理解的差异，对字结构和线型把握的准确与否，以及运刀习惯等，都会影响版刻字体的品位和整体风格的统一性。此北宋刻本《范文正公文集》版心虽无刻工姓名，但可以肯定的是，多名刻工共同参与了本书的镌刻。

整体来看，此集的字体风格并不纯粹，既有欧体结字特征，又有颜体厚重圆浑的笔意，特别是“捺”笔的

故事功高者受朝廷之命亦足隆大王之體五
也昨有邊臣上言乞招致蕃部首領某亦已請
罷大王告諭諸蕃首領不須去父母之邦但回

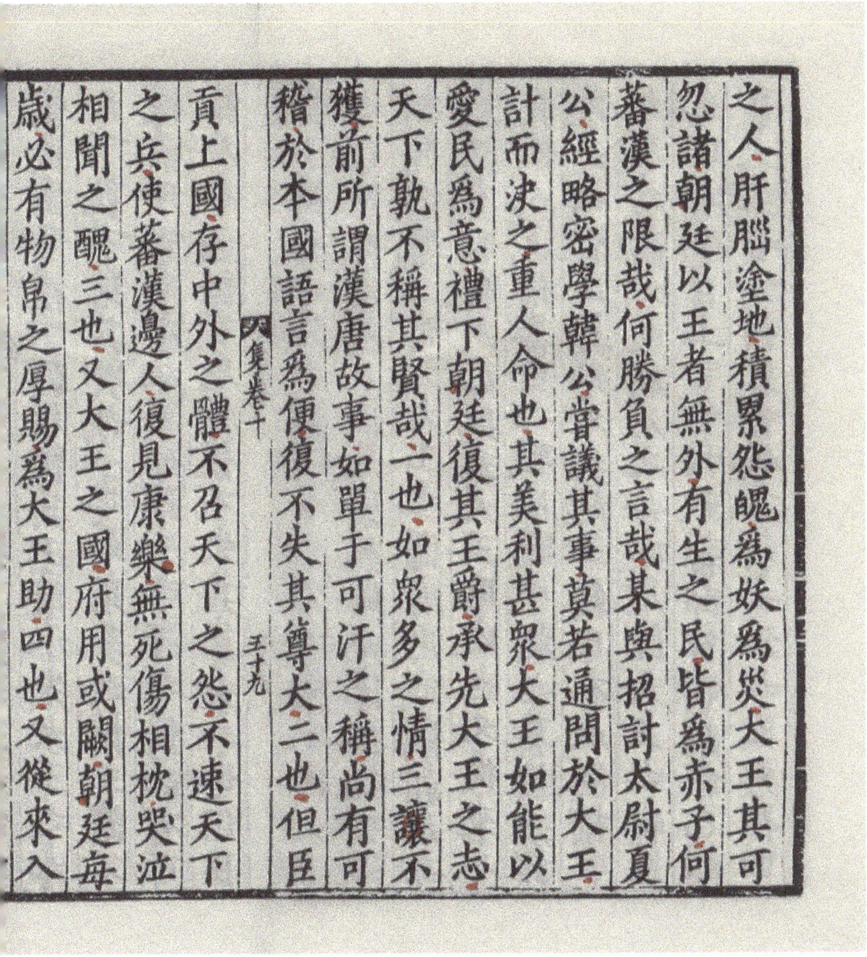

之人肝腦塗地積累怨魄爲妖爲災大王其可
忽諸朝廷以王者無外有生之民皆爲赤子何
蕃漢之限哉何勝負之言哉某與招討太尉夏
公經略密學韓公嘗議其事莫若通問於大王
計而決之重人命也其美利甚衆大王如能以
愛民爲意禮下朝廷復其王爵承先大王之志
天下孰不稱其賢哉一也如衆多之情三讓不
獲前所謂漢唐故事如單于可汗之稱尚有可
稽於本國語言爲便復不失其尊大二也但臣
文集卷十　五十九
貢上國存中外之體不召天下之怨不速天下
之兵使蕃漢邊人復見康樂無死傷相枕哭泣
相聞之醜三也又大王之國府用或闕朝廷每
歲必有物帛之厚賜爲大王助四也又從來入

◎ 图八　《范文正公文集》卷十第五十九叶

写法，与欧阳询带有隶意的写法明显不同（图八）。由于多位刻工参与此书的镌刻，使得整部书的字体风格也不统一。另外，也有写、刻不佳之处，仅以卷十第五十七叶（图九）为例，字形欠准确、大小变化突兀，风格稚拙；笔画略显单调，缺少书写的意味；笔势、字势连贯性不强，章法也欠协调，与图八相比较，刊刻风格有非常明显的差异，我们很难相信它们出自同一位书手和刻工之手。但从书法艺术的角度来看，它呈现的是一种自然、淳朴、稚拙之趣。

此北宋刻本《范文正公文集》是现存最早的范集传本，作为一个范例，此集为我们展现了北宋中晚期版刻书法的风格特征。虽然我们还不清楚此集究竟镌于何地，但从字体风格来看，它接近于浙本系统。

此集卷前有清人题记云：“此书

朝也某料大王建議之初人有離間妄言邊城
無備士心不齊長驅而來所嚮必下今以彊人
猛馬奔衝漢地二年于兹漢之兵民有血戰而
死者無一城一將願歸大王者此可見聖宋仁

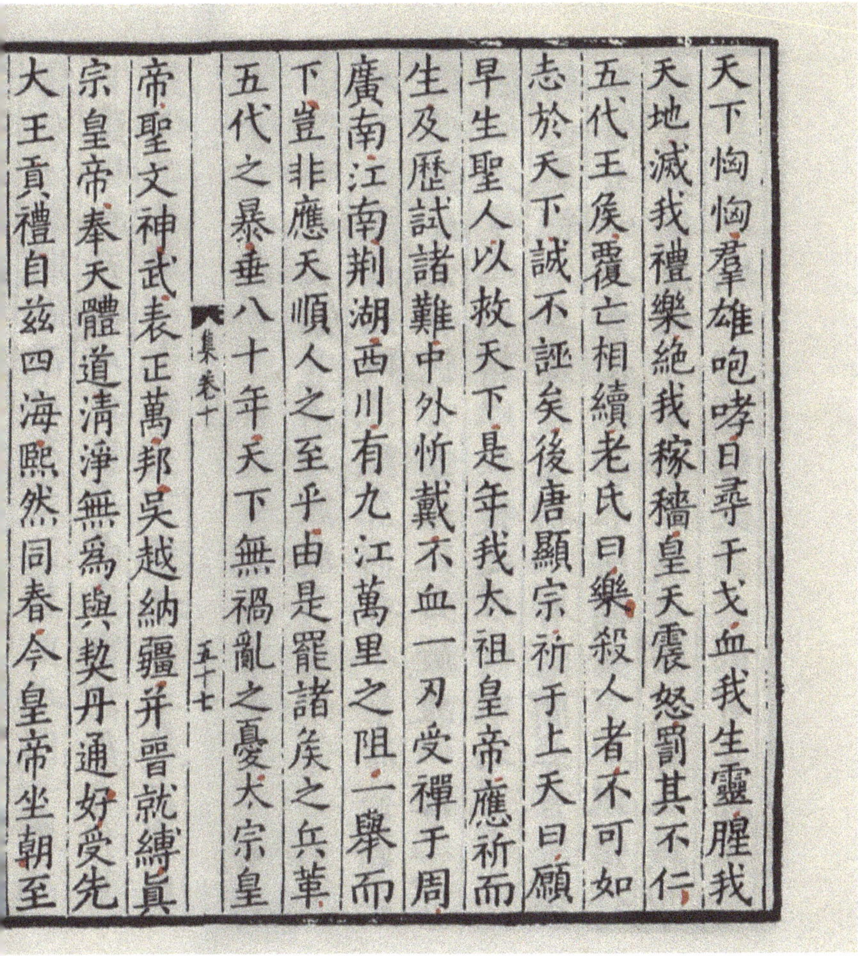

天下忷忷羣雄咆哮日尋干戈血我生靈腥我
天地滅我禮樂絶我稼穡皇天震怒罰其不仁
五代王侯覆亡相續老氏曰樂殺人者不可如
志於天下誠不誣矣後唐顯宗祈于上天曰願
早生聖人以救天下是年我太祖皇帝應祈而
生及歷試諸難中外忻戴不血一刃受禪于周
廣南江南荊湖西川有九江萬里之阻一舉而
下豈非應天順人之至乎由是罷諸侯之兵革
五代之暴垂八十年天下無禍亂之憂太宗皇

集卷十　五十七

帝聖文神武表正萬邦吳越納疆并晉就縛眞
宗皇帝奉天體道清淨無爲與契丹通好受先
大王貢禮自茲四海熙然同春今皇帝坐朝至

◎ 图九　《范文正公文集》卷十第五十七叶

得于范氏主奉家，的系原本宋印，惜失却首本。衬钉俱用棉料宣纸，尤可宝也。”经考证，“范主奉”应为范仲淹十九世孙范能浚，清康熙四十六年（1707）时为文正书院主奉，曾与范时崇（范仲淹二十一世孙）一起翻刻岁寒堂本《范文正公忠宣公全集》。此题记作于“丁酉夏”，但不知出于何人之手。“丁酉”当是康熙五十六年（1717）。题记左面钤有“鹤溪孔氏藏书”朱文方印。书中还钤有“鹤瞻”“继泰”“少琢”“杨鉴”“潆淞书屋藏书记”“箓溪小隐”“杨堃”“古鄮拥百城楼主人珍藏书画印记”“穀士”“廖世荫印”“鹿城杨世泽端生珍藏”印记。

『无上神品』

韩、柳集

“无上神品”韩、柳集

述及两宋时期的私家刻书，廖莹中世彩堂是绕不过去的一家，其所刻书籍以写、刻精美著称于世，其中最负盛名的是现藏于中国国家图书馆的《昌黎先生集》和《河东先生集》。韩、柳二集以字体隽秀、刊刻精良、校勘精审，深得版本学家和藏书家的艳羡与追捧，有“世无二帙”“无上神品”之美誉。《中华再造善本》影印此二集，使我们有机会一睹此“无上神品”之风采。

廖莹中（？—1275），号药洲，福建邵武人。廖莹中“少有隽才，文辞古雅”，登科后，为误国奸相贾似

之場子厚其人也彼韓子者特以
醇正高雅凜然無雜乃得與之齊
名爾必也兼誦博記馳騖奔放則

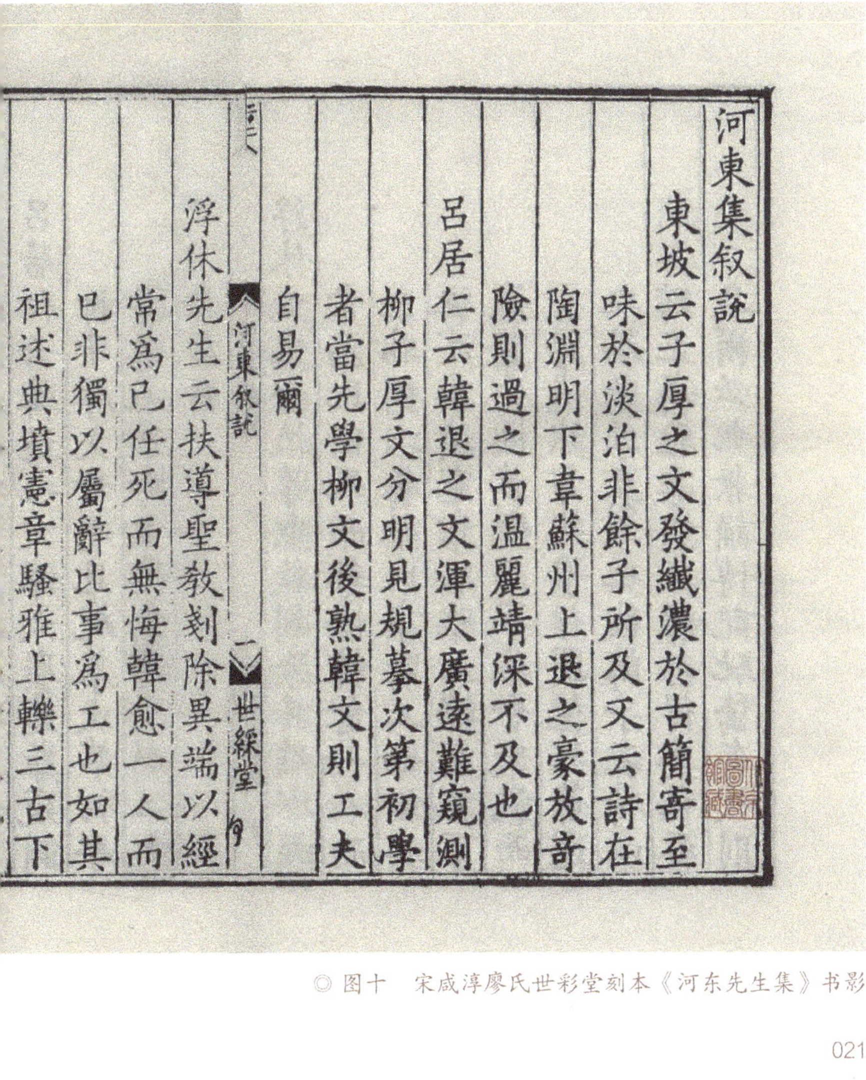

河東集敘説

東坡云子厚之文發纖濃於古簡寄至味於淡泊非餘子所及又云詩在陶淵明下韋蘇州上退之豪放奇險則過之而温麗靖深不及也

呂居仁云韓退之文渾大廣遠難窺測柳子厚文分明見規摹次第初學者當先學柳文後熟韓文則工夫自易爾

河東敘説　二　世綵堂

浮休先生云扶導聖教剗除異端以經常爲己任死而無悔韓愈一人而已非獨以屬辭比事爲工也如其祖述典墳憲章騷雅上轢三古下

◎ 图十　宋咸淳廖氏世彩堂刻本《河东先生集》书影

道（1213—1275）门客，深得贾的信任。廖莹中擅诗文、精鉴赏，有着较高的艺术修养。据周密（1232—1298）《癸辛杂识》《志雅堂杂钞》记载，廖莹中“尝为太府丞，知某州，皆以在翘馆，不赴”，而醉心于刻帖刊书，于咸淳（1265—1274）年间，命善工翻刻《淳化阁帖》十卷、《绛帖》二十卷。《淳化阁帖》是现存最早的官刻丛帖。淳化三年（992），宋太宗赵光义命翰林侍书王著将秘阁所藏历代法书进行整理，摹刻于枣木板上，共十卷，即为《淳化秘阁法帖》，又称《淳化阁帖》《官法帖》《阁帖》。当时，凡进登二府（中书省与枢秘院）的大臣，均能获赐一本。《淳化阁帖》在宋代就有数十种翻刻本，而廖莹中翻刻时“以真本书丹入石，皆逼真”。同时，廖莹中又刻《小字帖》十卷、《世彩堂小帖》等。可惜这些刻帖大都失传。

足觀矣
山谷與王觀復書云杜子美到夔州後
詩韓退之自潮州還朝後文章皆

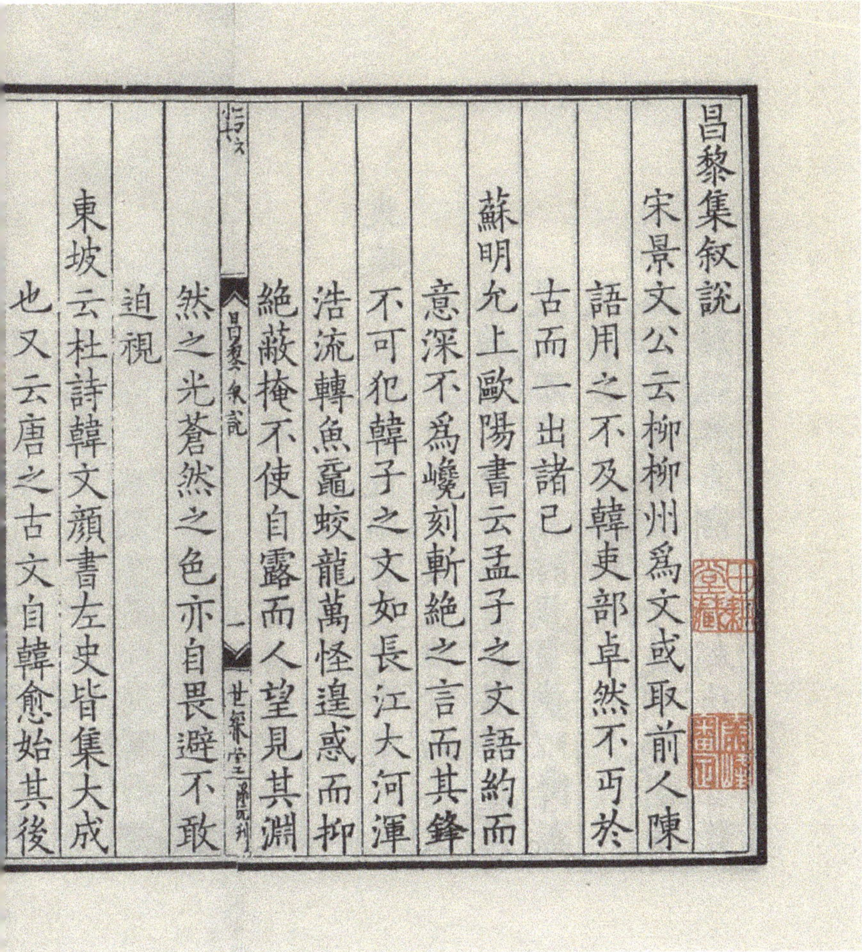

昌黎集敘說

宋景文公云柳柳州爲文或取前人陳語用之不及韓吏部卓然不丏於古而一出諸己

蘇明允上歐陽書云孟子之文語約而意深不爲巉刻斬絶之言而其鋒不可犯韓子之文如長江大河渾浩流轉魚黿蛟龍萬怪遑惑而抑絶蔽掩不使自露而人望見其淵然之光蒼然之色亦自畏避不敢迫視

昌黎集敘說　一　世綵堂廖氏刊

東坡云杜詩韓文顏書左史皆集大成也又云唐之古文自韓愈始其後

◎ 图十一　宋咸淳廖氏世彩堂刻本《昌黎先生集》书影

廖莹中所刻书有《九经》《三礼节》《左传节》《诸史要略》《文选》《昌黎先生集》《河东先生集》等。

《昌黎先生集》四十卷、《外集》十卷、《遗文》一卷，唐韩愈撰，宋廖莹中校正，附《朱子校昌黎先生集传》一卷。

《河东先生集》四十五卷、《外集》二卷，唐柳宗元撰，宋廖莹中校正，朱彝尊跋。该集卷三、四、五、十共四卷用翻刻本补配，版心无字数、刻工。另，卷三第二十七叶、卷四第十三叶、卷五第十八叶、卷六第十一叶、卷七第八叶、卷八第二十叶、卷九第十八叶、卷十第十九叶，共八叶又属补配。

韩、柳二集版式相同，均为半叶九行，行十七字，小字双行同，细黑口，四周双边，黑对鱼尾。版心上镌本版大小字数（或不镌），版心中分别镌“昌黎”“河东”及卷次和叶次，版心下镌“世彩堂”，“世彩堂”下镌刻工姓名（或不镌）。卷尾有篆书或隶书“世彩堂廖氏刻梓家塾”牌记，形制为长方、椭圆和亚字形不等。《宝礼堂宋本书录》《中国版刻图录》均著录各卷末有“世彩廖氏刻梓家塾”牌记，笔者翻检“再造”本发现亦并不完全如此。《昌黎先生集》卷四、十九、二十三、二十六、二十七、三十一、三十四，《外集》二、七、八、九，包括《遗文》在内，共十二卷卷末无牌记。《河东先生集》卷二、五、七、十一、十二、二十三、二十五、

二十六、三十、四十二，共十卷卷末无牌记。卷末牌记为世彩堂刻本的重要特征之一。

韩、柳二集最为世人称道的是其精美的字体。披卷展读，如对法书名帖。罗振常说：“此书字体与寻常宋本绝异。宋本书虽多欧体，然自成一刻板之字体，此本则全如手书楷字，仿佛晋唐诸帖。”[①] 在欣赏美文的同时，又能享受书法艺术之美。由此，人们很自然地将其与历史上那些伟大的书法家和伟大的书法作品联系起来。

莫友芝说：“此初印本，纸墨精好，字体在欧、褚间。”[②] 赵万里称赞：“二集字体版式悉同，书法在褚、柳间，秀雅无二。”[③] 郑孝胥也在《河东先生集》后题诗赞曰：“墨光欧体忽照眼，焕若神明当我前。”张元济说：“全书字均端楷，纯摹率更体。纸莹墨润，神采奕奕。”[④]“率更体”，就是欧阳询的楷书字体。

欧阳询（557—641），字信本，潭州临湘（今湖南长沙）人。唐太宗贞观初年，官至太子率更令，世称“欧阳率更”。

---

① 罗振常：《善本书所见录》，上海古籍出版社，2014 年，第 256 页。
② 莫友芝：《宋元旧本书经眼录》，上海古籍出版社，2009 年，第 43 页。
③ 北京图书馆编：《中国版刻图录》，文物出版社，1961 年，第 15 页。
④ 潘宗周、张元济：《宝礼堂宋本书录》，江苏广陵古籍刻印社，1984 年，第 4 册，第 16 页。

欧阳询是唐代初期著名的书法家，张怀瓘说他“八体尽能，笔力劲险，篆体优精（《书断》）”。但其成就最高并为历代书家所推崇的是楷书，被称作“欧体”或“率更体”。欧阳询书宗“二王”并融会贯通，形成了结构严谨精密、平中寓险，笔法刚健沉稳，章法疏朗明快的欧体楷书风格。北宋的朱长文评价他的楷书“纤浓得中，刚劲不挠，有正人执法、面折庭诤之风；至其点画工妙，意态精密，无以能当也”（《续书断》）。朱长文不仅称赞欧阳询楷书的形质之美，还从中看出了书品与人品的密切关系。

欧阳询的楷书作品有《化度寺碑》《九成宫醴泉铭》《虞恭公碑》《皇甫诞碑》等，其中《九成宫醴泉铭》（图十二、图十三）是欧体楷书的代表作，对后世影响最大。

《九成宫醴泉铭》共二十四行，每行四十九个字。整幅作品章法端庄严整，行间、字距疏朗明快，清晰悦目。每个字虽然是写在预先画好的方格里，但字形大小变化适中。在字结构方面，其明显的特点是“中宫收敛，外画伸展”，结体瘦长，左敛右纵，寓险绝于平正之中；体势生动，于严谨中见疏朗。在笔法上，以方笔为主，方圆兼施。

廖莹中所刻韩、柳二集，具有《九成宫醴泉铭》的章法特点：字距、行距疏朗，字迹清晰，宜于阅读。关于此二集

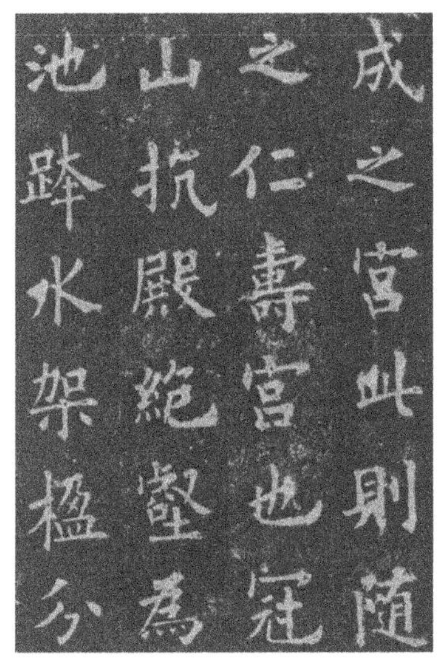

◎ 图十二　唐欧阳询《九成宫醴泉铭》局部

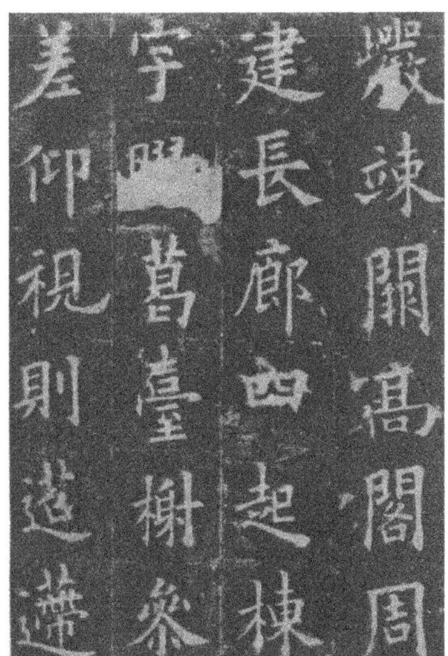

◎ 图十三　唐欧阳询《九成宫醴泉铭》局部

的书写者，罗振常认为："当时必出于名手，非寻常写官所书可知。江都秦君曼青（更年）疑出于金苏壁，说颇可据。"（按金苏壁名应桂，字一之，号苏壁，又号积庆山人。钱塘人。能欧书，善画，学李龙眠。受知贾似道……廖、金既为同客，师宪刻书又极求精，则韩、柳二集未必不出于苏壁。）[1]但我们没有见到金苏壁的其他书迹，无法比对印证。罗振常

① 罗振常：《善本书所见录》，上海古籍出版社，2014 年，第 256 页。

接着说："宋本中字体与此书类者，仅见周密之《草窗韵语》。公瑾与苏壁友善（公瑾有《谢苏壁惠得踯躅》诗，又有《积庆山访金苏壁》诗，其笔记中并载苏壁所传药方），为书诗集，尤所当然。"虽然《草窗韵语》与世彩堂韩、柳集都与《九成宫醴泉铭》的书风非常接近，但韩、柳集的书风严谨、精密、规整；而《草窗韵语》的书写较为轻松、灵活。两者相较，书风明显不同。罗氏之言仅仅是推测，并无确证，故笔者认为，不能定论书者即为金苏壁。

从字体风格来看，韩、柳二集恐非一人所书。我们先看《昌黎先生集》。此集卷前的《序》《叙说》《凡例》《目录》《外集》《朱子校昌黎先生集传》等，字体修长清瘦，结构严谨精密，点画准确精到，一看便知是欧体楷书风格（图十四）。刻工对欧体楷书的

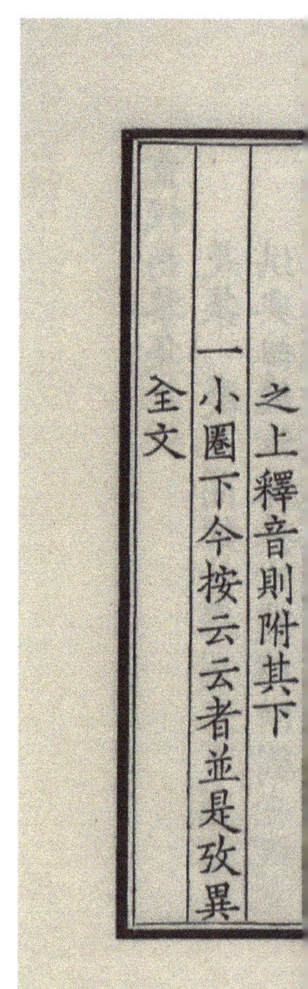
之上釋音則附其下
一小圈下今按云云者並是攷異
全文

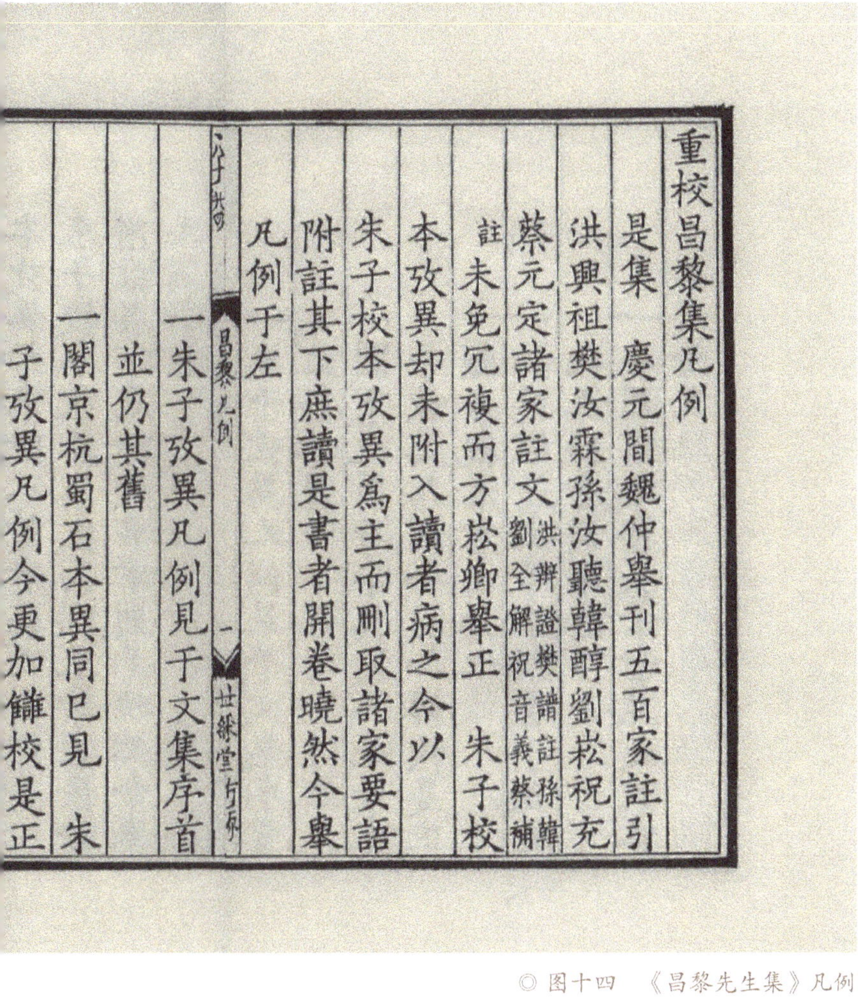

重校昌黎集凡例

是集　慶元間魏仲舉刊五百家註引洪興祖樊汝霖孫汝聽韓醇劉崧祝充蔡元定諸家註文（洪辨證樊譜註孫韓劉全解祝音義蔡補註）未免冗複而方崧卿舉正　朱子校本攷異却未附入讀者病之今以朱子校本攷異爲主而刪取諸家要語附註其下庶讀是書者開卷曉然今舉凡例于左

一朱子攷異凡例見于文集序首並仍其舊

一閣京杭蜀石本異同已見　朱子攷異凡例今更加讎校是正

◎ 图十四　《昌黎先生集》凡例

特点也有着较好的理解与把握，在执刀刊刻时忠实于写手的墨迹原作，刀法熟练、稳健，圆活、流畅，较准确地再现了欧体楷书的点画形态和结构特征。但整体而言，此集的字体风格与书写水平并不统一。如卷一第十叶之后，其字体呈正方形，字势略显呆板，点画虽尚有欧体气息，但缺少灵动之感，书写水平与卷首差距较大（图十五）。卷十七至卷二十、卷二十五至卷三十等，字体又变为扁方，其写、刻极为精致，仿佛晋唐小楷，精雅绝伦（图十六）。

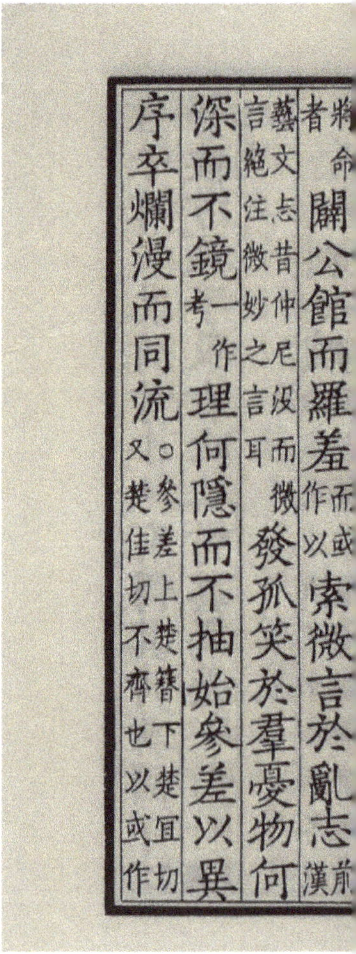

《河东先生集》的版本情况较为复杂一些。此集卷三、四、五、十共四卷系以覆本补配，赵万里先生认为是“明人据别本影刻配入”[①]，字体风格与世彩堂原本有着较大的差别。另外，卷三第二十七叶、卷四第十三叶、

① 北京图书馆编：《中国版刻图录》，文物出版社，1961 年，第 15 页。

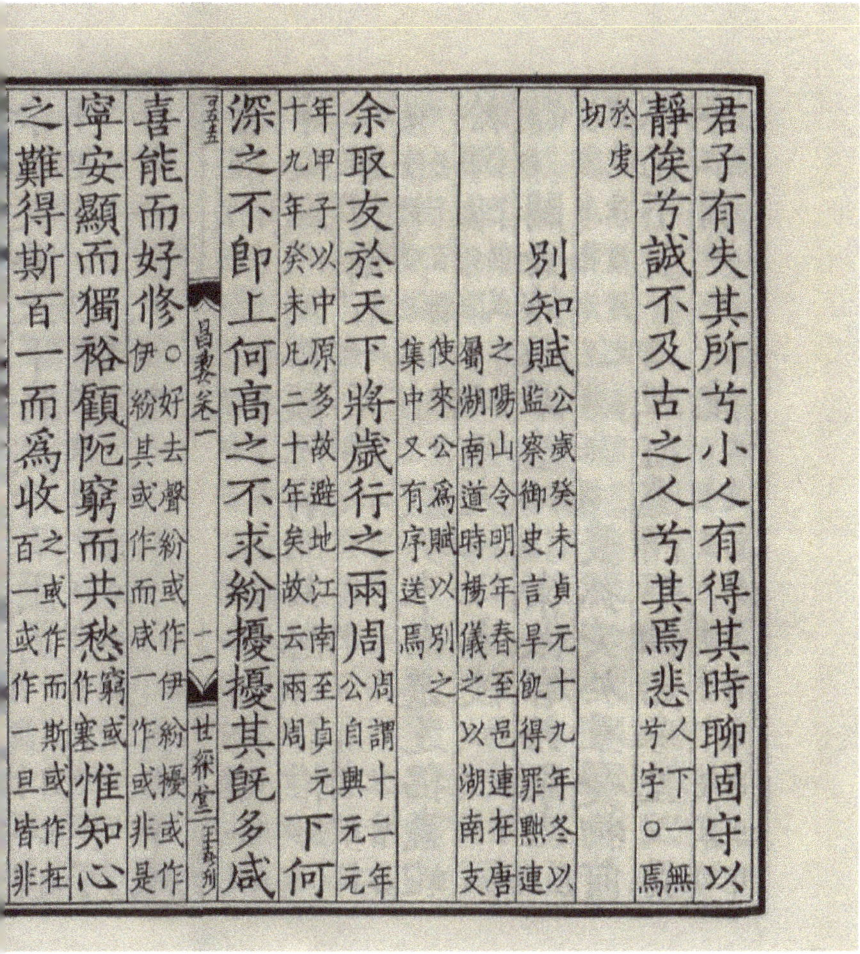

君子有失其所兮小人有得其時聊固守以靜俟兮誠不及古之人兮其焉悲人下一無兮字○焉於虔切

別知賦公歲癸未貞元十九年冬以監察御史言旱飢得罪黜連之陽山令明年春至邑連在唐屬湖南道時楊儀之以湖南支使來公爲賦以別之集中又有序送焉

余取友於天下將歲行之兩周周謂十二年公自興元元年甲子以中原多故避地江南至貞元十九年癸未凡二十年矣故云兩周下何深之不卽上何高之不求紛擾擾其既多咸

昌黎集卷一　二　世綵堂

喜能而好修○好去聲紛或作伊紛擾或作伊紛其或作而咸一作或非是寧安顯而獨裕顧阨窮而共愁窮或作塞惟知心之難得斯百一而爲收之或作而斯或作在百一或作一旦皆非

◎ 图十五　《昌黎先生集》卷一书影

卷五第十八叶、卷六第十一叶、卷七第八叶、卷八第二十叶、卷九第十八叶、卷十第十九叶，共八叶又属补配（图十七）。罗振常认为，此数叶乃嘉靖时期翻刻，字体为典型的匠体字，神气索然。该集的字体风格也不统一，卷前的《序》《叙说》《凡例》《目录》、卷四十三前半卷（第一至二十四叶）和《外集》等，书法可谓“纯摹率更体”，是典型的欧体楷书风格。卷一和卷二，字形由欧体的纵长逐渐变为方扁。长横笔画的起笔尖细，已不同于欧体方起圆收的笔法。还有三点水的写法，与欧体楷书写法完全不同（图十八）。欧体楷书三点水的写法多呈三角形，尤其是中间一点较长，行笔顺势而下，笔势连贯、顾盼多姿（图十九）。卷十一之后，字体风格又有变化：法度谨严，结体饱满，字势生动，俊逸雅致，风格与张旭的楷书作品《郎官石柱记》十分接近。

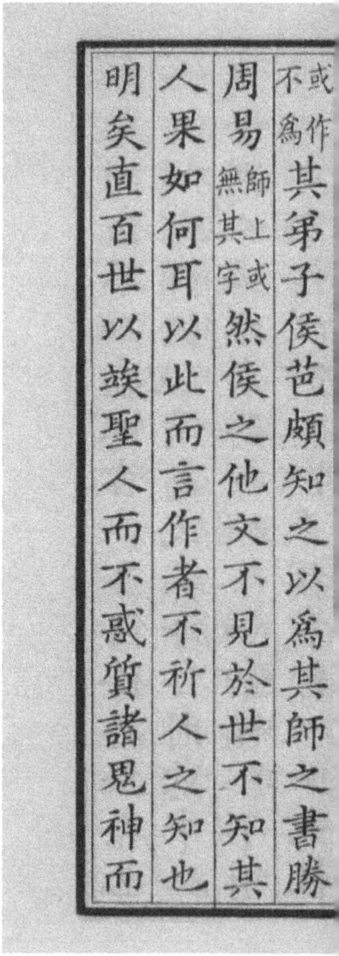

不難到但不知直似古人亦何得於今人也
何下或有有字或有有字而無得字僕爲文久每自則意中以
爲好則人必以爲惡矣則人或作卽人必下或無以字小稱
意人亦小怪之亦上或有卽字大稱意卽人必大怪
之也時時應事作俗下文字下筆令人慙及
示人則人以爲好矣俗下下或無文字二字而有者字則人或無則
字小慙者亦蒙謂之小好大慙者卽必以爲
大好矣不知古文直何用於今世也然以竢
知者知耳直或作眞或無今字然以或作然而昔揚子雲著太
昌黎外卷十七　十八　世綵堂　丁
玄人皆笑之子雲之言曰或無之言二字世不我知
無害也後世復有揚子雲必好之矣子雲死
近千載竟未有揚子雲可歎也其時桓譚亦

◎ 图十六　《昌黎先生集》卷十七书影

軍左右領軍衛將軍各二人事德宗順宗今上立朝九年
加朝議大夫居喪會用兵于趙一無于字起復居
故官爲左神策行營先鋒兵馬使元和四年十月詔削
奪成德軍節度使王承宗官爵命神策右軍中尉吐突承璀率兵討之以常謙爲先鋒兵
馬使知牙而趙兵罷五年七月赦承宗不受祿去金華
大三小言　河東卷十　九　世綵堂　仁
服喪終期命安州刺史仍加侍御史安州防
過兵馬使貶柳州司馬公嘗佐魏公平襄陽
佐一作從靖梁州大曆十四年十一月以馳爲梁州刺史山南西道節度使建中
三年十一月以馳爲襄州刺史山南東道節度常謙皆佐其府立義成軍馳鎮
義成時淄青李納雖去王號外奉朝旨而心常蓄併吞之謀馳待之不疑淄青將士皆心
服不敢異謀魏公弘大恢奇公能以任軍政是以
又爲衛將軍虔恭潔廉動得禮節伐趙之役
堅立堡壘誓死麾下法制明具權力無能移
進不避患退不敗禮安州迫寇壤安州迫淮西之境時

◎ 图十七　《河东先生集》补配叶之一

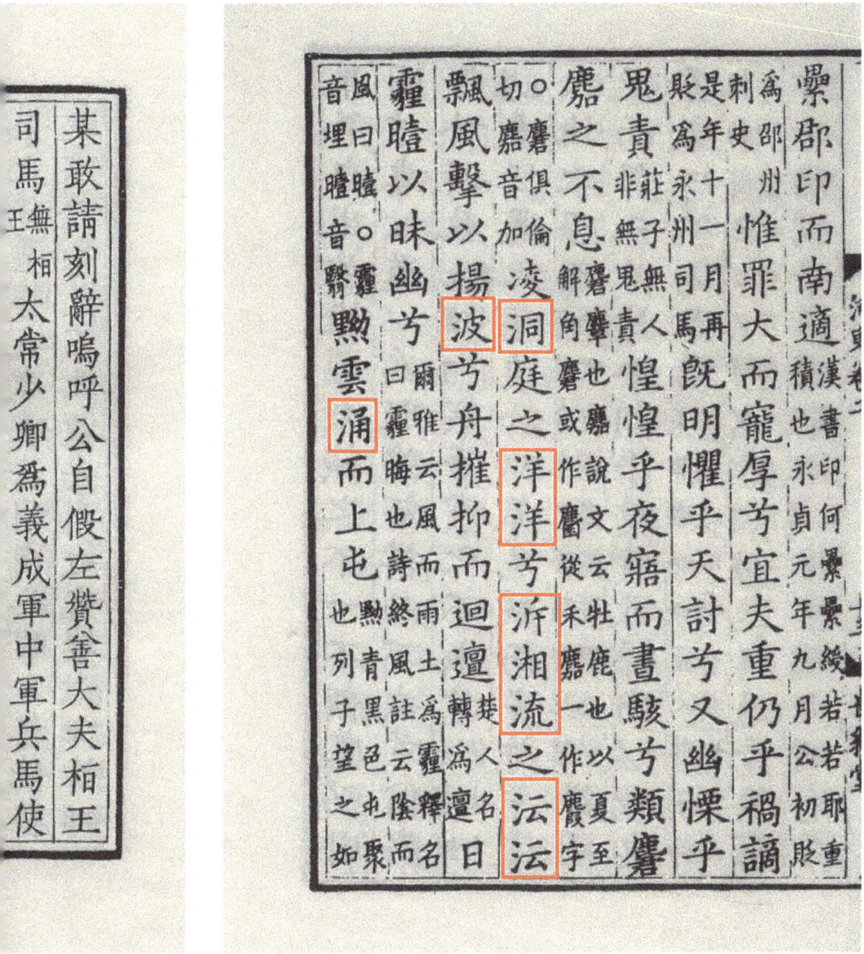

纍郡印而南適漢書印何纍纍綬若若耶重積也永貞元年九月公初貶爲邵州刺史惟罪大而寵厚兮宜夫重仍乎禍謫是年十一月再貶爲永州司馬既明懼乎天討兮又幽慄乎鬼責莊子無人非無鬼責惶惶乎夜寤而晝駭兮類麏麚之不息麏麞也麚說文云牡鹿也以夏至解角麏或作麕從禾麚一作麚字○麏俱倫切麚音加凌洞庭之洋洋兮泝湘流之沄沄飄風擊以揚波兮舟摧抑而迴邅楚人名轉爲邅日霾曀以昧幽兮爾雅云風而雨土爲霾釋名曰霾晦也詩終風註云陰而風曰曀○霾音埋曀音翳黝雲涌而上屯黝青黑色屯聚也列子望之如

某敢請刻辭嗚呼公自假左贊善大夫柏王

司馬無柏王太常少卿爲義成軍中軍兵馬使

◎ 图十八　《河东先生集》中三点水写法

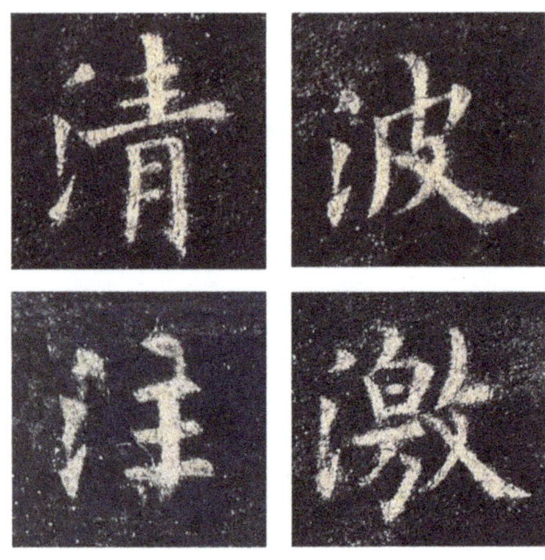

◎ 图十九　《九成宫醴泉铭》中三点水写法

由此，我们可以看出，韩、柳二集不是一个人抄写完成的。黄永年先生说：“从北宋末年到整个南宋时期，杭州刻书的字体可以说是清一色的欧体。”[①]韩、柳二集以欧体为主基调，书中各卷字体有着程度不同的风格变化。二集卷前的《序》《叙说》《凡例》《目录》和文集的结尾部分，字体风格一致且与

故温縣主簿韓君墓誌貞元十六年作
有唐故温縣主簿韓愖字某漢弓高侯其先
也韓王信子頽當封弓高侯徙于南陽傳世至今唐侍中

① 黄永年：《古籍版本学》，江苏教育出版社，2005年，第77页。

哉六月某日就道月日葬于汝州龍興縣期
城之原夫人河南源氏先歿而祔之矜之父
曰漸南鄭尉祖曰倩之鄆州司馬曾祖曰弘
安金紫光祿大夫國子祭酒弘安弟弘智唐史有傳始
矜由明經爲舞陽主簿蔡帥反貞元十五年淮西節度使
吳少誠反犯難來歸擢授襄城主簿賜緋魚袋後
爲襄陽丞其墓自曾祖以下皆族以位周禮墓大
夫令國民族葬而掌其禁令正其位掌其度數註令族葬各從其親位謂昭穆也以一作
在時宗元刺柳用相其事哀而旌之以銘銘

河東集卷十一　九　世綵堂

曰
詷也挈之挈謂鑽龜也○挈音契信也蕝之有朱其紱
神具列之懇懇來章神實恫汝○恫音通痛也錫之
老叟告以兆語靈其鼓舞從而父祖孝斯有

◎ 图二〇　《河东先生集》卷十一书影

欧体楷书最为接近。这部分内容当为同一个人抄写，且刻工也相同[①]，因此，保证了这几部分内容字体风格的一致性。

一般来讲，书法家在一定时期内，其书写风格是相对稳定的。书手抄写一部书稿，其书法风格也不会在同一部书稿内有太大的变化，一般情况下也没这个必要。刻工对字体风格特征的理解、有无“误读”和镌刻技术的优劣，对版刻字体的风格影响较大。当然，这种影响主要体现在点画上（比如粗细、肥瘦、曲直等方面），对字形的影响不大。当然，技术再高超的刻工，也不可能百分之百地再现墨稿原貌。邱振中先生在谈到刻工对书法作品的“误读”时说：“任何一件书法作品经过刻制，即使结构与点画形状不爽毫发，它也由此而成为另一件作品。墨迹边廓的精微变化，是绝不可能在石刻中重现的，况且‘不爽毫发’只是一种假设，实际上刻制永远是刻工对作品程度不等的‘误读’。”[②]

廖莹中追随贾似道，以其特殊的身份和雄厚的财力，雇用优秀的书手抄写、刻工镌刻，“以抚州萆抄纸、油烟墨印造，其装褫以泥金为签”（《癸辛杂识》），成就了这无上神品之韩、柳集。

---

① 版心下署名相同的刻工为孙沅、孙、沅、元、何，孙、沅、元与孙沅当为同一人。
② 邱振中：《从〈元彬墓志〉〈元绪墓志〉看刻工对作品的误读》，见《神居何所》，中国人民大学出版社，2005 年，第 41 页。

宋蜀刻本唐人集

宋蜀刻本唐人集

两宋时期的四川，文化昌盛，刻书事业发达，特别是成都、眉山一带，是当时全国的三大刻书中心之一，曾系统刊刻了多达六十种唐人诗文集。

目前存世的宋蜀刻唐人集，有二十五种，从版式上分为三个版本系统：一是半叶十行，每行十八字，世称“十行本”，有《新刊经进详注昌黎先生文》（图二一）和《新刊增广百家详补注唐柳先生文》（图二四）、《刘梦得文集》（现藏于日本）三种，刻于南宋中期；二是半叶十一行，每行二十字，世称“十一行本”，有《骆宾王文集》（图二二）、《李太白文集》（图二五）、《王摩诘文集》（图二六）三种，刻于北宋或南北宋交替之际；三是半叶十二行，每行二十一字，世称“十二行本”，有《孙可之文集》（图二三）、《孟浩然诗集》（图二七）、《孟东野文集》（图二八）、《刘文房文集》（图二九）、《刘梦得文集》（图三〇）、《陆宣公文集》（图三一）、《权载之文集》（图三二）、《新刊元微之文集》（图三三）、《张文昌文集》（图三四）、《张承吉集》（图三五）、《姚少监诗集》（图三六）、《皇甫持正文集》（图三七）、《李长吉文集》（图三八）、《许用晦文集》（图三九）、《司空表圣文集》（图四〇）、《杜荀鹤文集》（图四一）、《郑守愚文集》（图四二）、《昌黎先生文集》（图四三）、《欧阳行周文集》（现藏于台湾省），刻于南宋中期。

1994 年，上海古籍出版社影印出版《宋蜀刻本唐人集丛刊》，共收宋蜀刻本唐人集二十三种，其中中国国家图书馆藏本二十二种，上海图书馆藏本一种，现藏于日本崇兰馆的《刘梦得文集》、藏于台湾省的《欧阳行周文集》不在其中。

《宋蜀刻本唐人集丛刊》的出版，嘉惠学林，为研究者提供了方便，可谓功德无量。

新刊經進詳註昌黎先生文卷第一 補註附
迪功郎普慈文讜詞源詳註
通直郎致仕淡齋王儔尚友補註

古賦

感二鳥賦 并序

德宗自初即位憂勤恭儉圖治日切其後稍怠頗好游畋追求玩好四方守宰先意承顏爭進奇異以邀榮寵故河陽有白烏白鸜鵒之獻焉昔者燕丹爲質烏白其頭卒至傾國魯昭失政鸜鵒來巢無何出奔夫豈太平之端耶今皆反其自然之色禽之妖者深可畏愕嗜進之徒乃以爲瑞籠之入獻使其果爲瑞乎則將爲麟鳳爲龜龍遊于沼集于郊以表國家之德則治郡者當與黃霸齊

◎ 图二一　宋蜀刻本《新刊经进详注昌黎先生文》书影

◎ 图

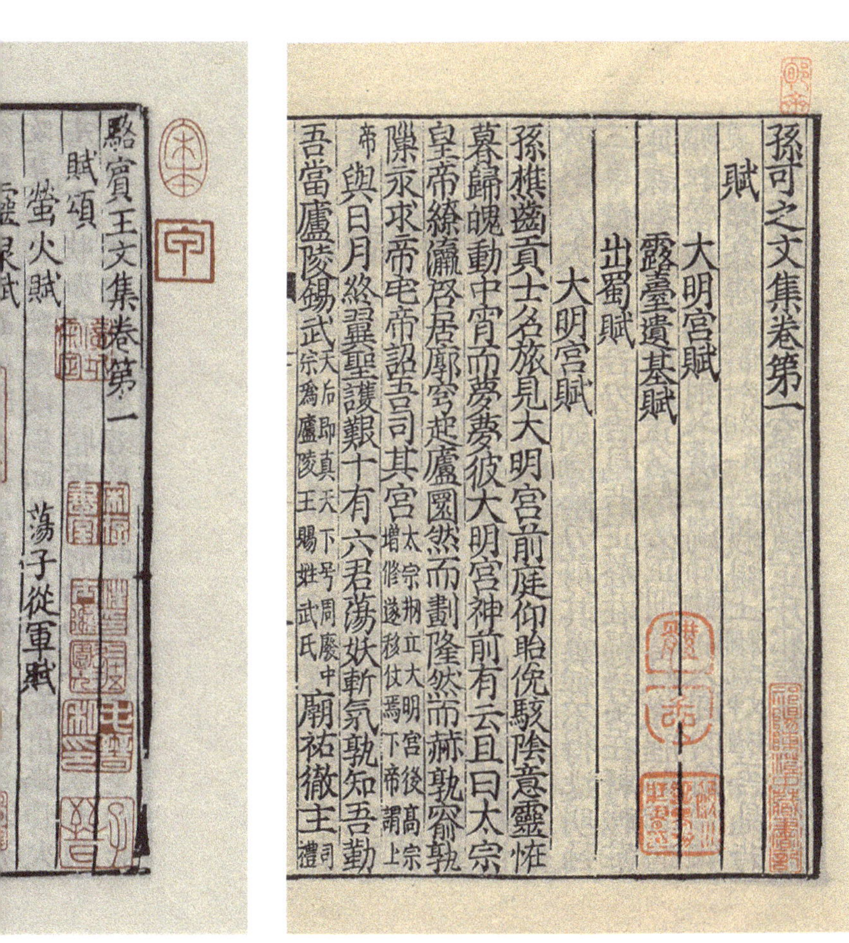

駱賓王文集卷第一
賦頌
螢火賦
蕩子從軍賦

刻本《骆宾王文集》书影

孫可之文集卷第一
賦
大明宮賦
露臺遺基賦
出蜀賦
大明宮賦
孫樵齒貢士名旅見大明宮前庭仰眙俛駭陰意靈恠
暮歸魄動中宵而夢夢彼大明宮神前有云且曰太宗
皇帝綠瀛啓居廓穹起廬圖煞而劃隆然而赫孰睿孰
隟汞求帝宅帝詔吾司其宮太宗初立大明宮後高宗增修遂移仗焉下帝謂上
帝與日月終曩塈護艱十有六君蕩妖斬氛孰知吾勤
吾當廬陵錫武天后卽真天下号周慶中宗為廬陵王賜姓武氏廟祐徹主禮司

◎ 图二三　宋蜀刻本《孙可之文集》书影

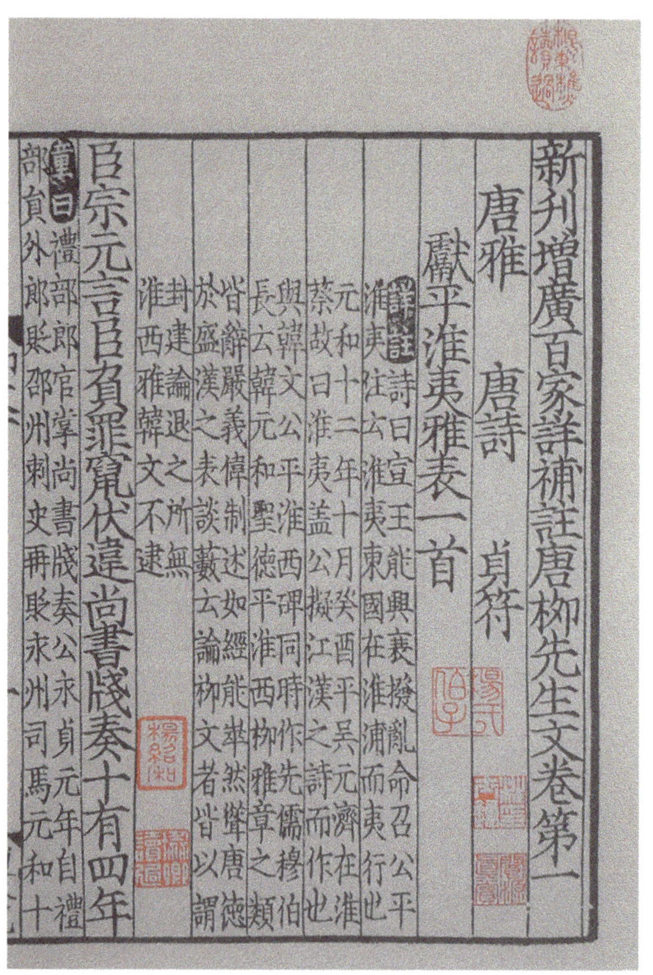

新刊增廣百家詳補註唐柳先生文卷第一
唐雅　唐詩　貞符
獻平淮夷雅表一首
詳註詩曰宣王能興衰撥亂命召公平
淮夷注云淮夷東國在淮浦而夷行也
元和十二年十月癸酉平吳元濟在淮
蔡故曰淮夷蓋公擬江漢之詩而作也
與韓文公平淮西碑同時作先儒穆伯
長云韓元和聖德平淮西柳雅章之類
皆辭嚴義偉制述如經能崒然聳唐德
於盛漢之表談藪云論柳文者皆以謂
封建論退之所無
淮西雅韓文不逮
臣宗元言臣負罪竄伏違尚書牋奏十有四年
集註曰禮部郎官掌尚書牋奏公永貞元年自禮
部員外郎貶邵州刺史再貶永州司馬元和十

◎ 图二四　宋蜀刻本《新刊增广百家详补注唐柳先生文》书影

李太白文集卷第一
草堂集序　宣州當塗縣令李陽冰
李白字太白隴西成紀人涼武昭王暠九世孫蟬聯
珪組世爲顯著中葉非罪謫居條支易姓爲名然自
窮蟬至舜七世爲庶累世不大曜亦可歎焉神龍之
始逃歸于蜀復指李樹而生伯陽驚姜之夕長庚入
夢故生而名白以太白字之世稱太白之精得之矣
不讀非聖之書恥爲鄭衛之作故其言多似天仙之
辭凡所著述言多諷興自三代已來風騷之後馳驅
屈宋鞭撻揚馬千載獨步唯公一人故王公趨風列
岳結軌羣賢翕習如鳥歸鳳盧黃門云陳拾遺橫制
李一　一
頹波天下質文翕然一變至今朝詩體尚有梁陳宮
掖之風至公大變掃地併盡今古文集遏而不行唯
公文章橫被六合可謂力敵造化歟天寶中皇祖下
詔徵就金馬降輦步迎如見綺皓以七寶牀賜食御
手調羹以飯之謂曰卿是布衣名爲朕知非素蓄道
義何以及此置于金鑾殿出入翰林中問以國政潛
草詔誥人無知者醜正同列害能成謗格言不入帝

◎ 图二五　宋蜀刻本《李太白文集》书影

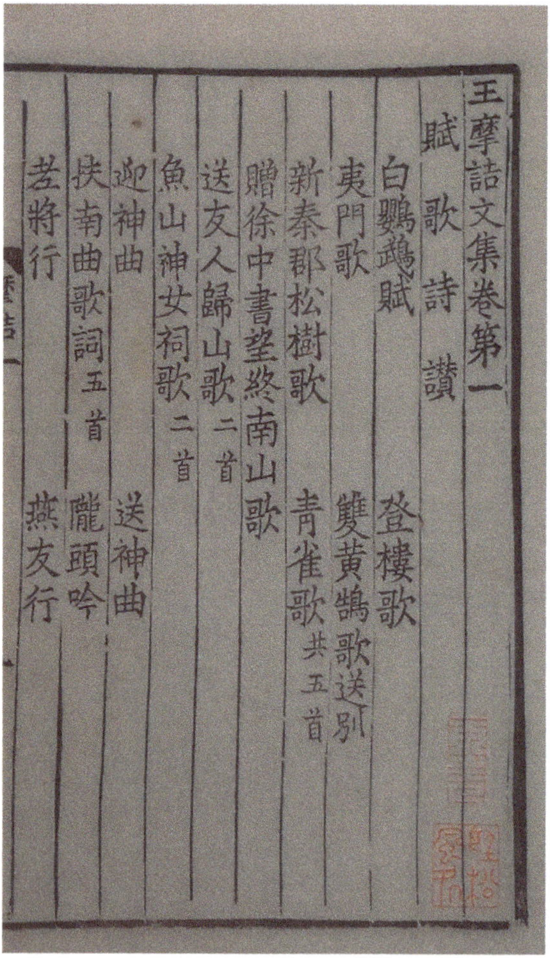

◎ 图二六　宋蜀刻本《王摩诘文集》书影

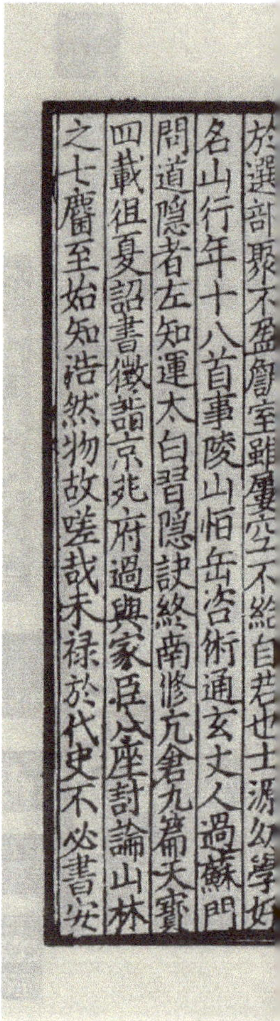

孟浩然詩集序
宜城王士源　撰
孟浩然襄陽人也骨貌淑清風神散朗救患釋紛以立
義灌園藝圃以全高交游之中通悅傾蓋機警無匿學
不攻儒務掇菁華文不按古匠心獨妙五言詩天下稱
其盡善閑游祕省秋月新霽諸英聯詩次當浩然句曰
微雲淡河漢疎雨滴梧桐舉座嗟其清絕咸以之擱筆
不復爲綴丞相范陽張九齡侍御史京兆王維尚書侍
郎河東裴朏范陽盧僎大理評事河東裴揔華陰太守
滎陽鄭倩之太守河東獨孤冊率與浩然爲忘形之交
山南採訪使太守昌黎韓朝宗謂浩然閒深詩律寘諸周
行必詠穆如之頌因入秦與偕行先揚于朝約日引謁
後期……矣身行樂耳遑恤其佗遂畢飲
不赴由是閒罷既而浩然不之悔也其好學忘名如此
士源他時嘗筆讚之曰道漾挺靈是生楚英浩然清發
亦自其名開元二十八年王昌齡遊襄陽時浩然疾發
背且愈得相歡飲浩然宴謔食鮮疾動終于南園年五

◎ 图二七　宋蜀刻本《孟浩然诗集》书影

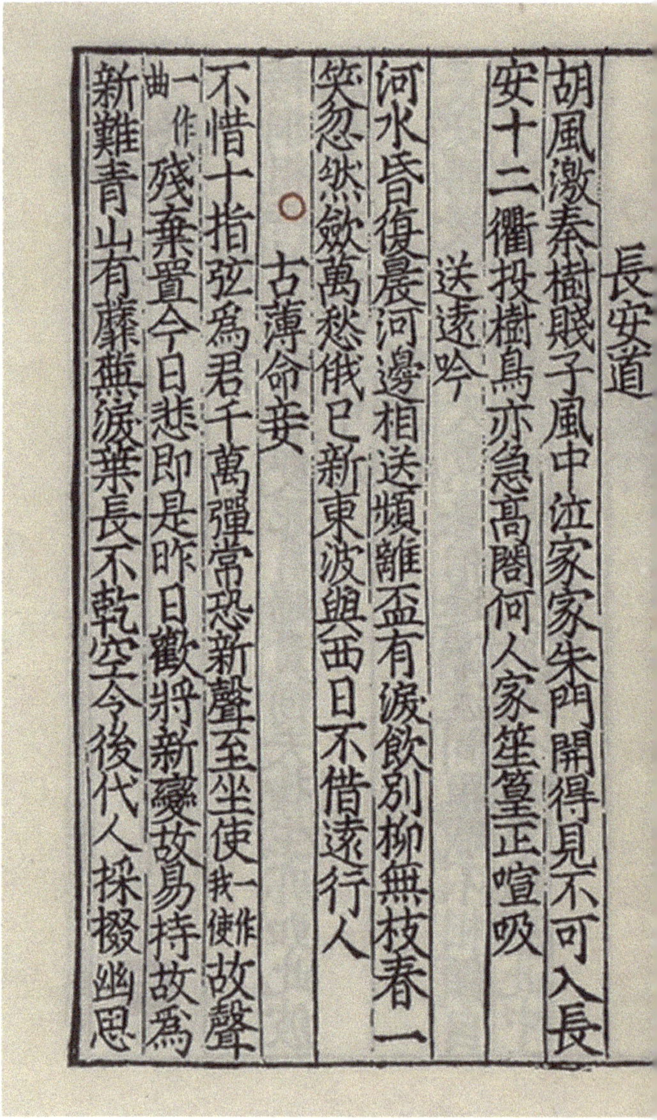

長安道

胡風激秦樹賤子風中泣家家朱門開得見不可入長安十二衢投樹鳥亦急高閣何人家笙簧正喧吸

送遠吟

河水昏復晨河邊相送頻離盃有淚飲別柳無枝春一笑忽然斂萬愁俄已新東波與西日不借遠行人

◎古薄命妾

不惜十指弦為君千萬彈常恐新聲至坐使一作我使故聲一作曲殘棄置今日悲即是昨日歡將新變故易持故為新難青山有蘼蕪淚葉長不乾空令後代人採掇幽思

◎图二八　宋蜀刻本《孟东野文集》书影

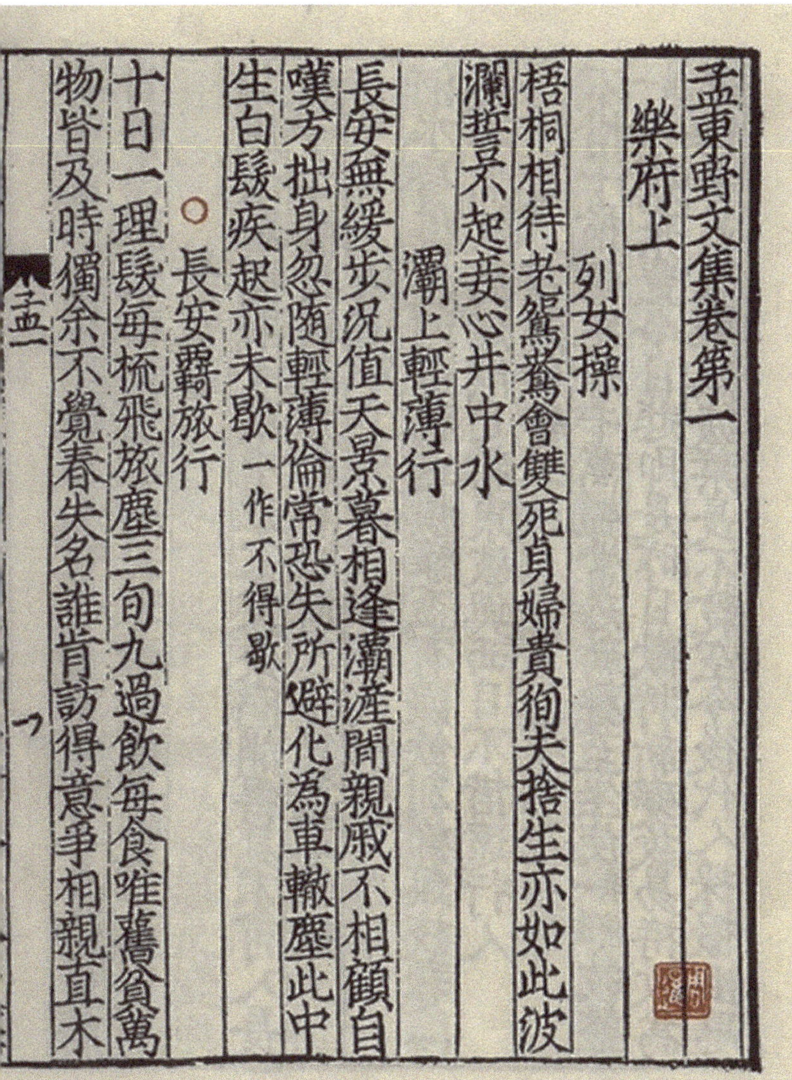

孟東野文集卷第一

樂府上

列女操

梧桐相待老鴛鴦會雙死貞婦貴徇夫捨生亦如此波瀾誓不起妾心井中水

灞上輕薄行

長安無緩步況值天景暮相逢灞滻間親戚不相顧自嘆方拙身忽隨輕薄倫常恐失所避化為車轍塵此中生白髮疾走亦未歇 一作不得歇

○長安羇旅行

十日一理髮每梳飛旅塵三旬九過飲每食唯舊貧萬物皆及時獨余不覺春失名誰肯訪得意爭相親直木

孟一

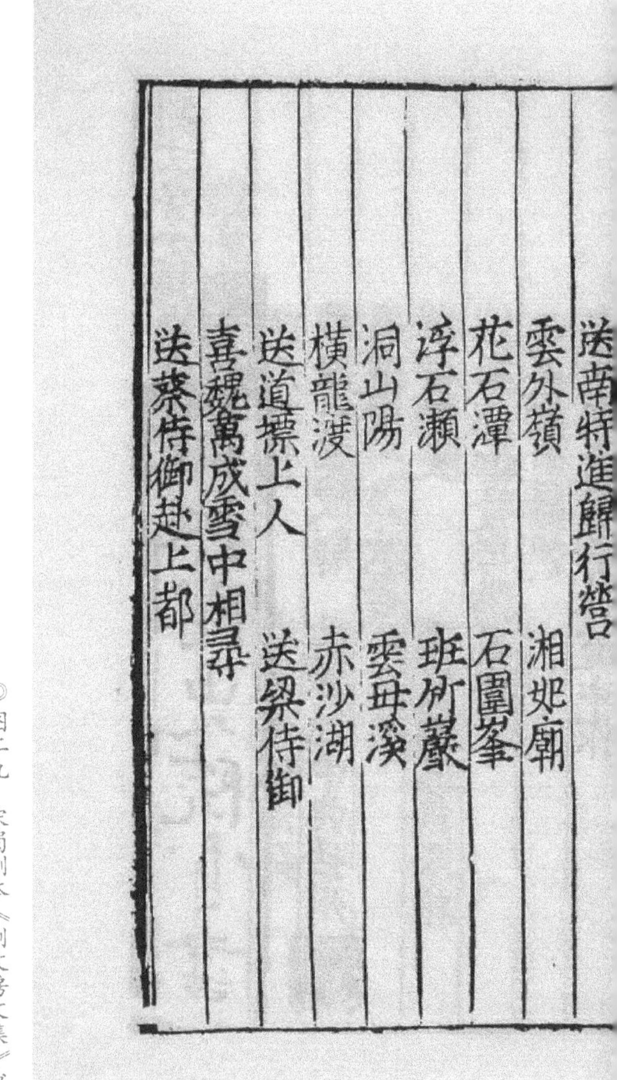
送南特進歸行營
雲外嶺　湘妃廟
花石潭　石圍峯
浮石瀨　班竹巖
洞山陽　雲母溪
横龍渡　赤沙湖
送道標上人　送梁侍御
喜魏萬成雪中相尋
送蔡侍御赴上都

◎图二九　宋蜀刻本《刘文房文集》书影

劉文房文集卷第五

雜著

五

詔追明年自闕下重領連山郡印綬人咸曰美惡周必
復第行無恤歲杪其復乎居五年不得調歲二月有事
于社前一日致齋孤居慮靜滞念欻起伊人理之不可
以曉也將質諸神乎謹貢誠馳精敢問大鈞其夕有遇
寤而次第其辭以爲賦
圓方相函兮浩其無垠窅冥翕闢兮走三辰以騰振孰
主張是兮有工其神迎隨不見兮強名之曰大鈞歟以
臨下兮巍乎雄尊天爲獨陽高不可問工居其中與人
差近身執其權心平其運循名想象斯可以訐曰嘻蒙

◎图三〇　宋蜀刻本《刘梦得文集》书影

劉夢得文集卷第一

賦

大鈞賦并序

始余失臺郎爲刺史又貶州司馬俟罪朗州三見閏月

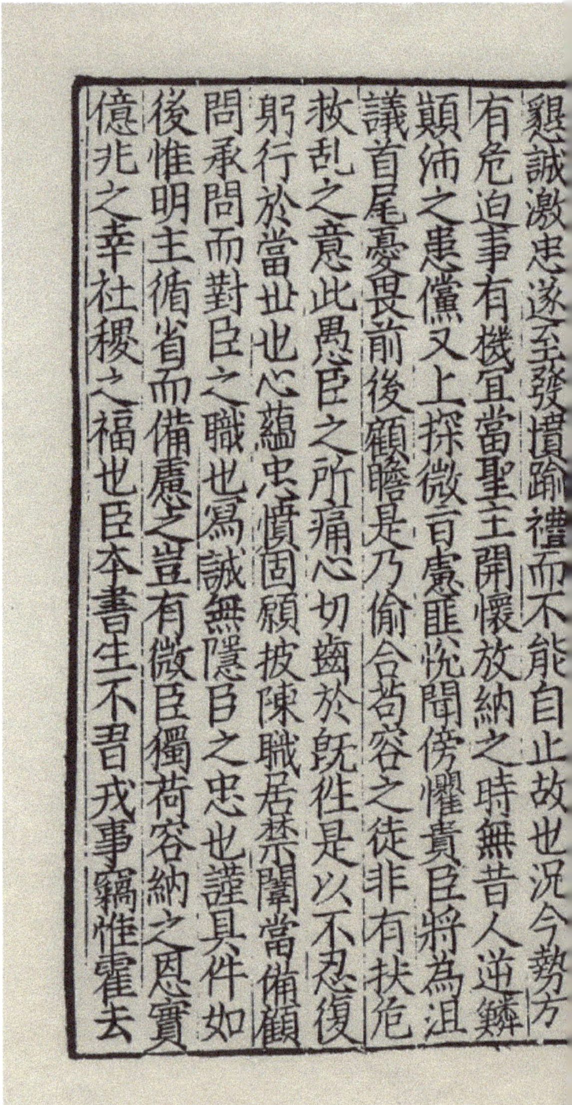

懇誠激忠遂至發憤踰禮而不能自止故也況今勢方
有危迫事有機宜當聖主開懷放納之時無昔人逆鱗
顛沛之患儻又上探微旨慮匪悅聞傍懼貴臣將為沮
議首尾憂畏前後顧瞻是乃偷合苟容之徒非有扶危
救亂之意此愚臣之所痛心切齒於既往是以不忍復
躬行於當世也心蘊忠憤固願披陳職居禁闈當備顧
問承問而對臣之職也寫誠無隱臣之忠也謹具件如
後惟明主循省而備慮之豈有微臣獨苟容納之恩實
億兆之幸社稷之福也臣本書生不習戎事竊惟霍去

◎图三一　宋蜀刻本《陆宣公文集》书影

陸宣公文集卷第一

奏議

論兩河及淮西利害狀

論關中事宜狀

論兩河及淮西利害狀

內侍朱冀寧奉宣進止緣兩河寇賊未平殄又淮西凶黨攻逼襄城卿識古知今合有良筴宜具陳利害封進者臣質性凡鈍闇見陋狹幸因乏使謬簪組昇朝荐承過恩文學入侍每自奮勵思酬獎遇感激所至亦能忘身但以越職干議典制所禁未信而言聖人不尚是以循循默默尸居榮近日日以愧自春徂冬心雖懷憂言不敢發此臣之罪也亦臣之分也陛下天縱聖德神授英

謀明照八表恩周萬務猶慮闕漏下詢芻蕘此堯舜捨

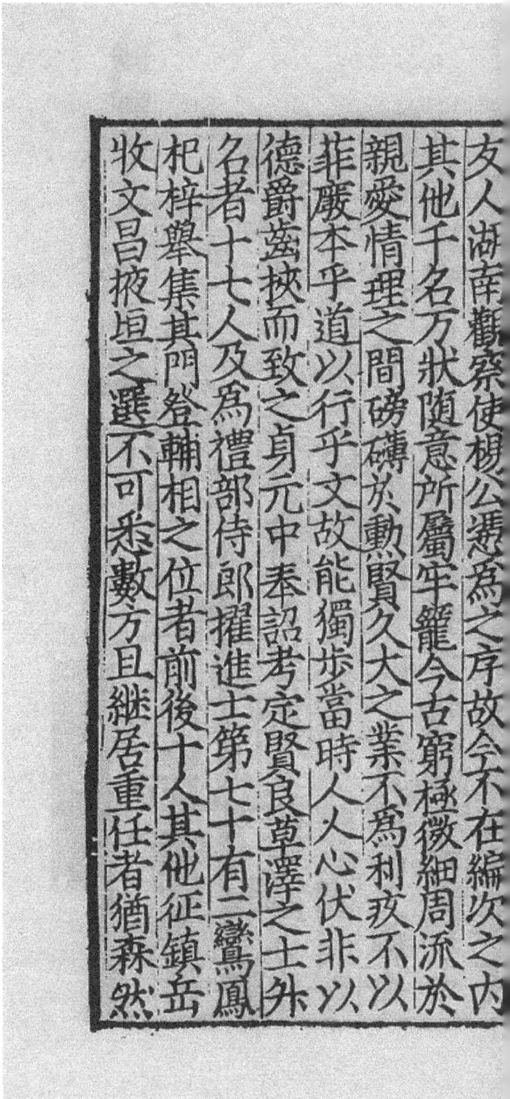

友人湖南觀察使楊公憑爲之序故今不在編次之内
其他千名万狀隨意所屬牢籠今古窮極微細周流於
親愛情理之間磅礴於勳賢久大之業不爲利孜不以
菲廢本乎道以行乎文故能獨步當時人人心伏非以
德爵藹挾而致之貞元中奉詔考定賢良草澤之士外
名者十七人及爲禮部侍郎擢進士第七十有二鸞鳳
杞梓舉集其門登輔相之位者前後十人其他征鎮岳
牧文昌掖垣之選不可悉數方且繼居重任者猶森然

◎图三二 宋蜀刻本《权载之文集》书影

權載之文集序

銀青光祿大夫充集賢殿大學士楊嗣復撰

唐有天下二百二十載用文章顯於時代有其人然而自成童就傅以及考終命紼市筮仕以及鈞衡師保造次必於是視聽必於是文釆皆正色而無駮雜調韻皆正聲而無奇邪滔滔如江河東注不知其極而又更命書綸綍之任專考覈品藻之柄參化成輔翊之勳初中終全而有之得之於相國文公矣公諱德輿字載之天水人也族望祖宗之遠當官行己之道語在國史銘於壙而碑於逵此不敢詳今所載者因緣文業而已早歲爲淮南江西從事掾管記室之任屬詞諧理奏入而報可移文走檄彊事迎解登朝爲起居舍人改駕部員外郎換司勳郎中遷中書舍人凡四任九年專掌詔誥大則發德音脩典冊洒朝廷之利澤增盛德之形容小則

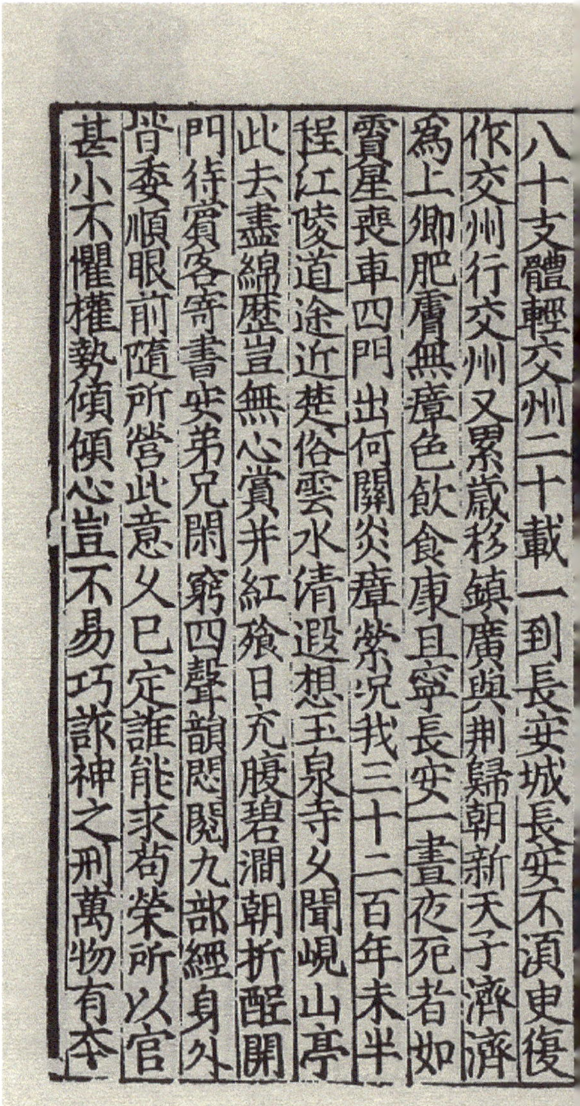

八十支體輕交州二十載一到長安城長安不須臾復
作交州行交州又累歲移鎮廣與荆歸朝新天子濟濟
爲上卿肥膚無瘴色飲食康且寧長安一晝夜死者如
霣星喪車四門出何關炎瘴縈況我三十二百年未半
程紅陵道途近楚俗雲水清遐想玉泉寺久聞峴山亭
此去盡綿歷豈無心賞并紅飱日充腹碧澗朝折醒開
門待賓客寄書安弟兄閑窮四聲韻悶閱九部經身外
皆委順眼前隨所營此意久已定誰能求苟榮所以官
甚小不懼權勢傾傾心豈不易巧詐神之刑萬物有本

◎图三三　宋蜀刻本《新刊元微之文集》书影

新刊元微之文集卷第一

古詩

思歸樂

山中思歸樂盡作思歸鳴爾是此山鳥安得失鄉名應緣此山路自古離人征陰愁感和氣俾爾從此生我雖

失鄉去我無失鄉情慘舒在方寸寵辱將何驚浮生居

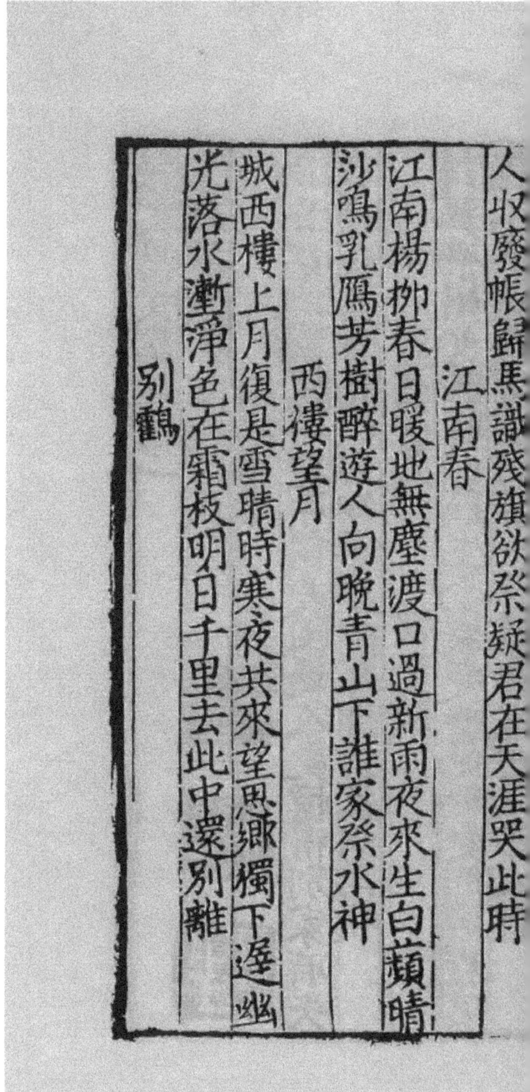
人收廢帳歸馬識殘旗欲祭疑君在天涯哭此時
江南春
江南楊柳春日暖地無塵渡口過新雨夜來生白蘋晴沙鳴乳鴈芳樹醉遊人向晚青山下誰家祭水神
西樓望月
城西樓上月復是雪晴時寒夜共來望思鄉獨下遲幽光落水塹淨色在霜枝明日千里去此中還別離
別鶴

◎图三四　宋蜀刻本《张文昌文集》书影

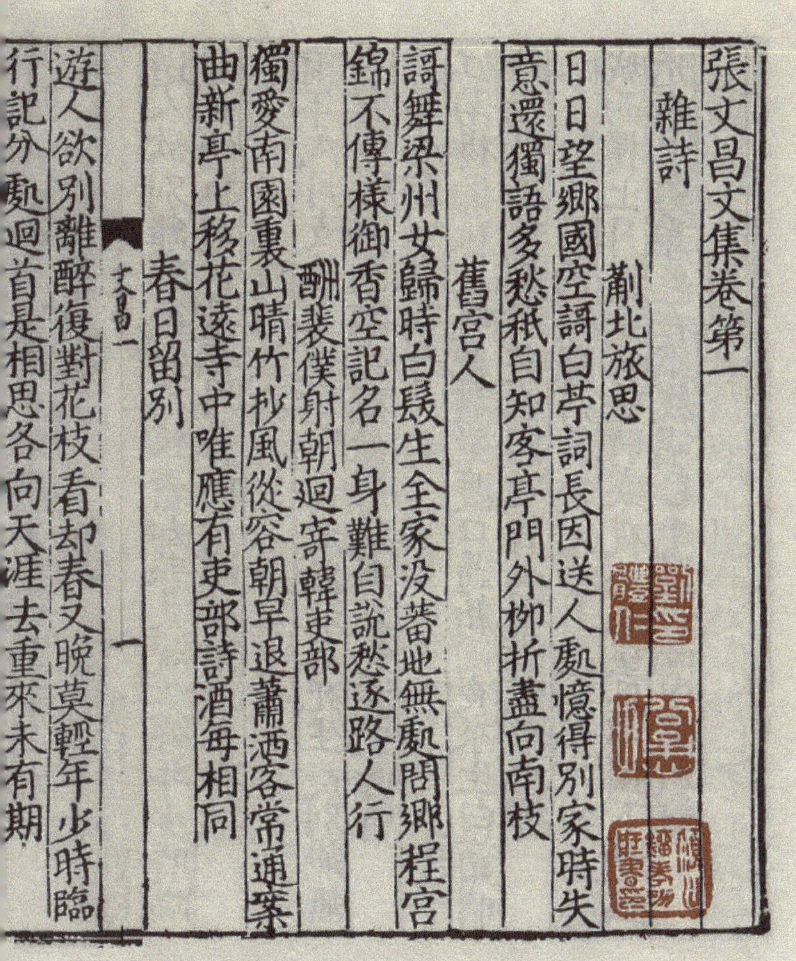

張文昌文集卷第一

雜詩

薊北旅思

日日望鄉國空謌白苧詞長因送人處憶得別家時失意還獨語多愁秖自知客亭門外柳折盡向南枝

舊宮人

謌舞梁州女歸時白髮生全家沒蕃地無處問鄉程宮錦不傳樣御香空記名一身難自說愁逐路人行

酬裴僕射朝迴寄韓吏部

獨愛南園裏山晴竹杪風從容朝早退蕭洒客常通桑曲新亭上移花遠寺中唯應有吏部詩酒每相同

春日留別

遊人欲別離醉復對花枝看却春又晚莫輕年少時臨行記分處迴首是相思各向天涯去重來未有期

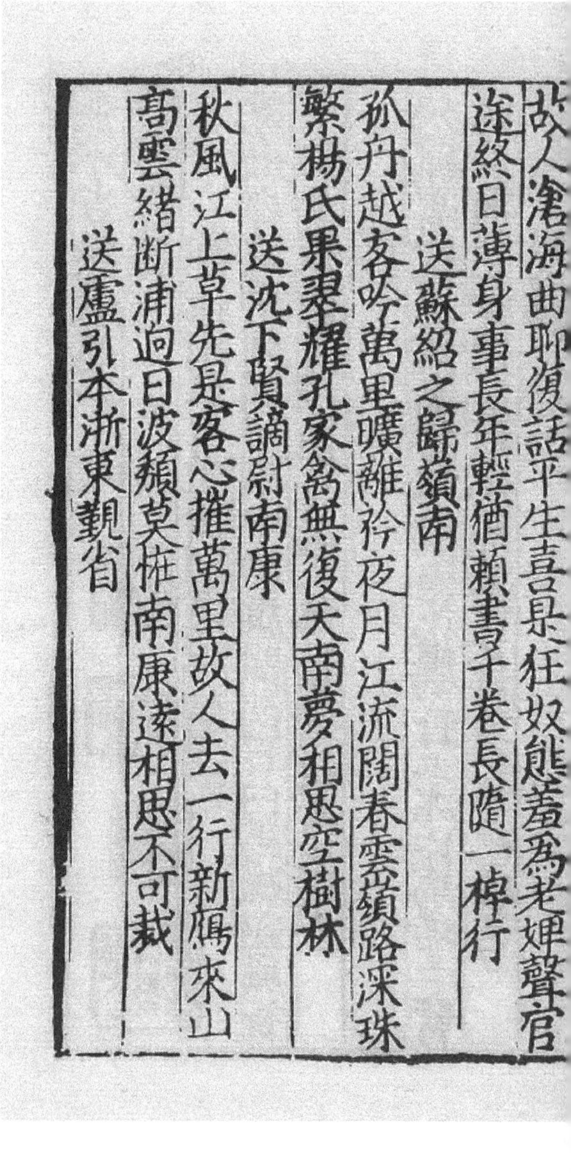

故人滄海曲聊復話平生喜是狂奴態羞爲老婢聲官
途終日薄身事長年輕猶賴書千卷長隨一棹行
送蘇紹之歸嶺南
孤舟越客吟萬里曠離衿夜月江流闊春雲嶺路深珠
繁楊氏果翠耀孔家禽無復天南夢相思空樹林
送沈下賢謫尉南康
秋風江上草先是客心摧萬里故人去一行新鴈來山
高雲緒斷浦迥日波頽莫惟南康遠相思不可裁
送盧引本浙東覲省

◎图三五　宋蜀刻本《张承吉集》书影

張承吉集卷第一

雜詩

觀徐州李司空獵

曉出郡城東分圍淺草中紅旗開向日白馬驟迎風背手抽金鏃翻身控角弓萬人齊指處一鴈落寒空

獵

殘獵渭城東蕭蕭西北風雪花鷹背上冰片馬蹄中臂挂捎荆兔腰懸落箭鴻歸來逞餘勇兒子乱彎弓

鸚鵡

栖栖南越鳥色麗思沉淫暮隔碧雲海春依紅樹林雕籠悲斂翅畫閣豈關心無事能言語人聞悲恨深

再吟鸚鵡

萬里去心違奇毛覺自非美人憐解語此鳥畏多機未

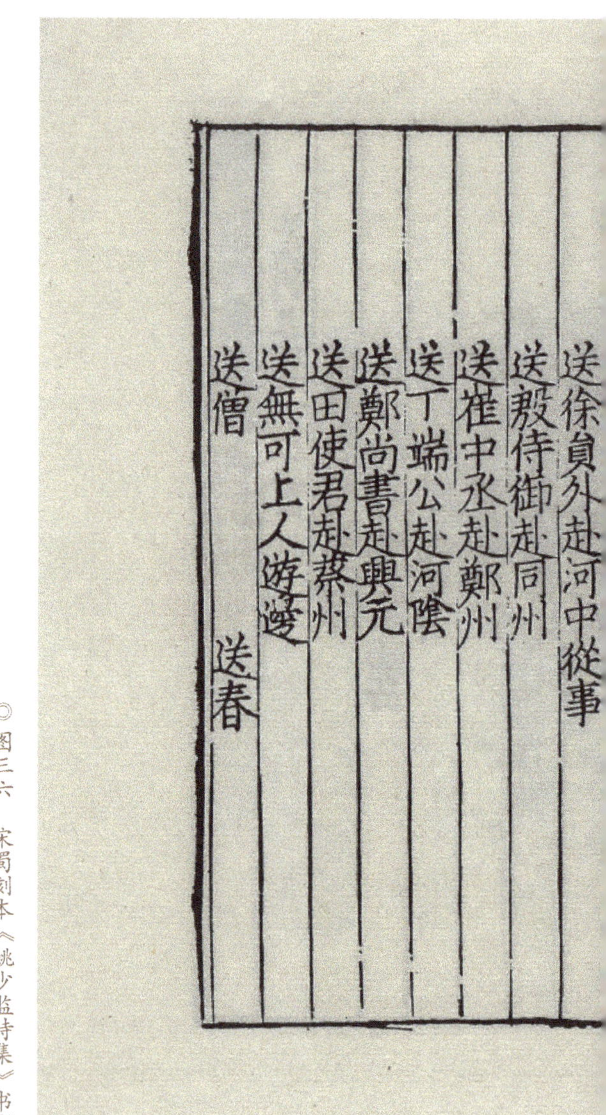
送徐員外赴河中從事
送殷侍御赴同州
送崔中丞赴鄭州
送丁端公赴河陰
送鄭尚書赴興元
送田使君赴蔡州
送無可上人遊邊
送僧　送春

◎图三六　宋蜀刻本《姚少监诗集》书影

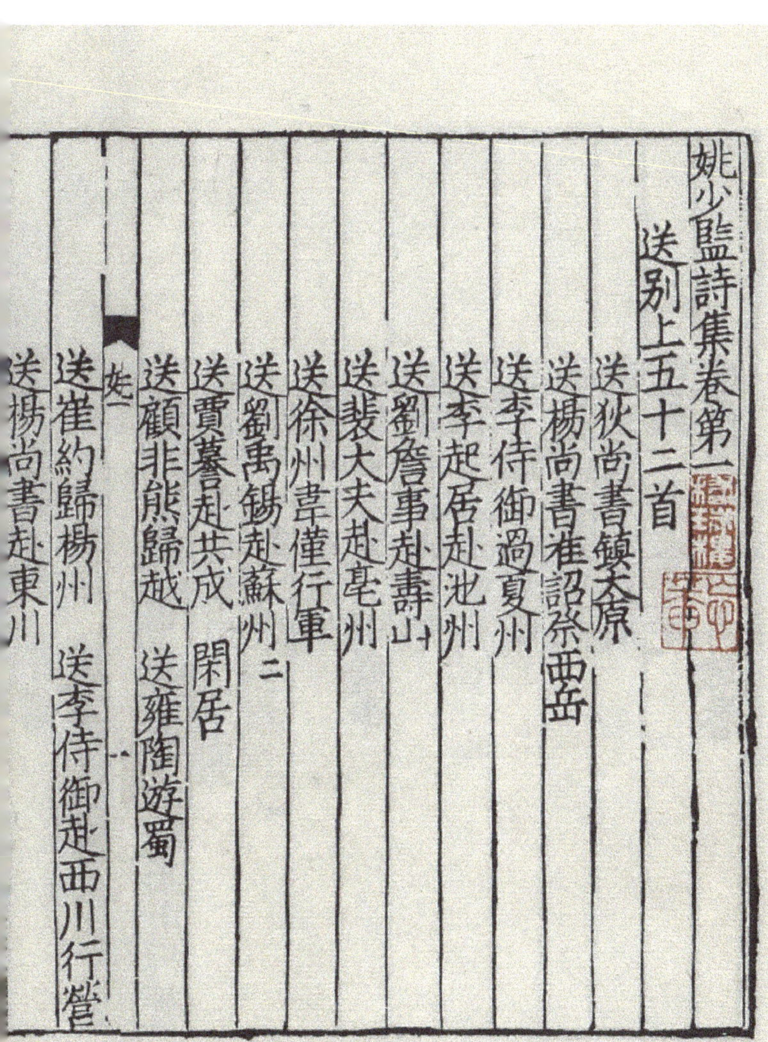

姚少監詩集卷第一

送別上五十二首

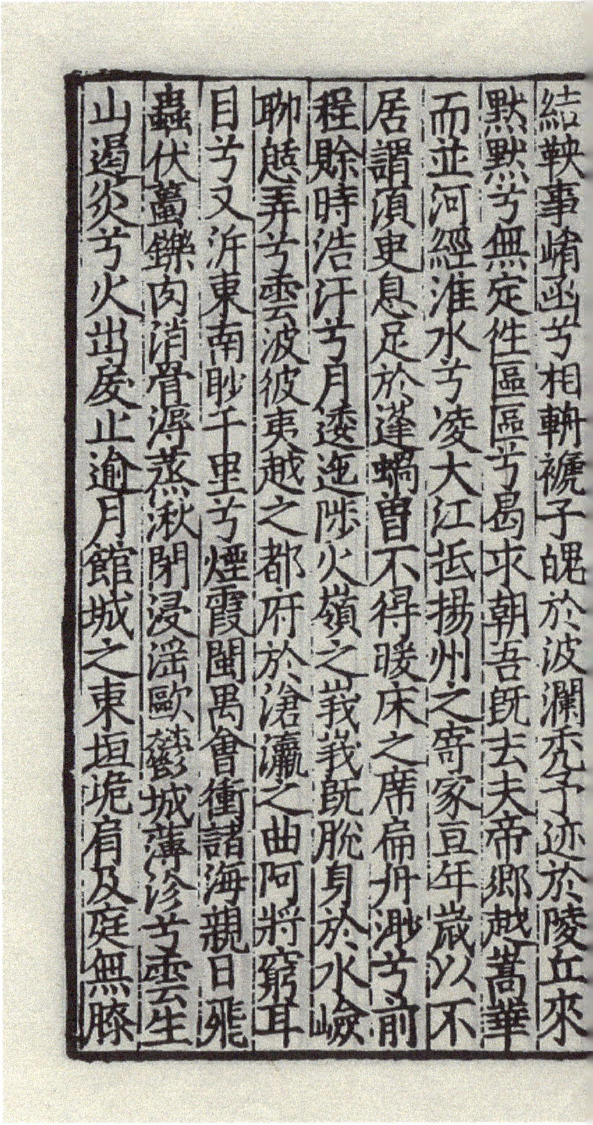

結鞅事崤函兮相輔褫子魄於波瀾禿子迹於陵丘來
默默兮無定性區區兮焉求朝吾既去夫帝鄉越嵩華
而並河經淮水兮凌大江泜揚州之寄家亘年歲以不
居謂須臾息足於蓬蝸曾不得暖床之席扁舟渺兮前
程賒時浩汗兮月逶迤陟火嶺之巍巍既脫身於水嶮
聊戲弄兮雲波彼夷越之都府於滄瀛之曲阿將窮耳
目兮又泝東南眇千里兮煙霞閩禺會衝諸海覲日飛
蟲伏蠹鑠肉消骨溽蒸湫閉浸淫歐鬱城薄沴兮雲生
山遏炎兮火出庚止逾月館城之東垣垝肩及庭無膝

◎图三七 宋蜀刻本《皇甫持正文集》书影

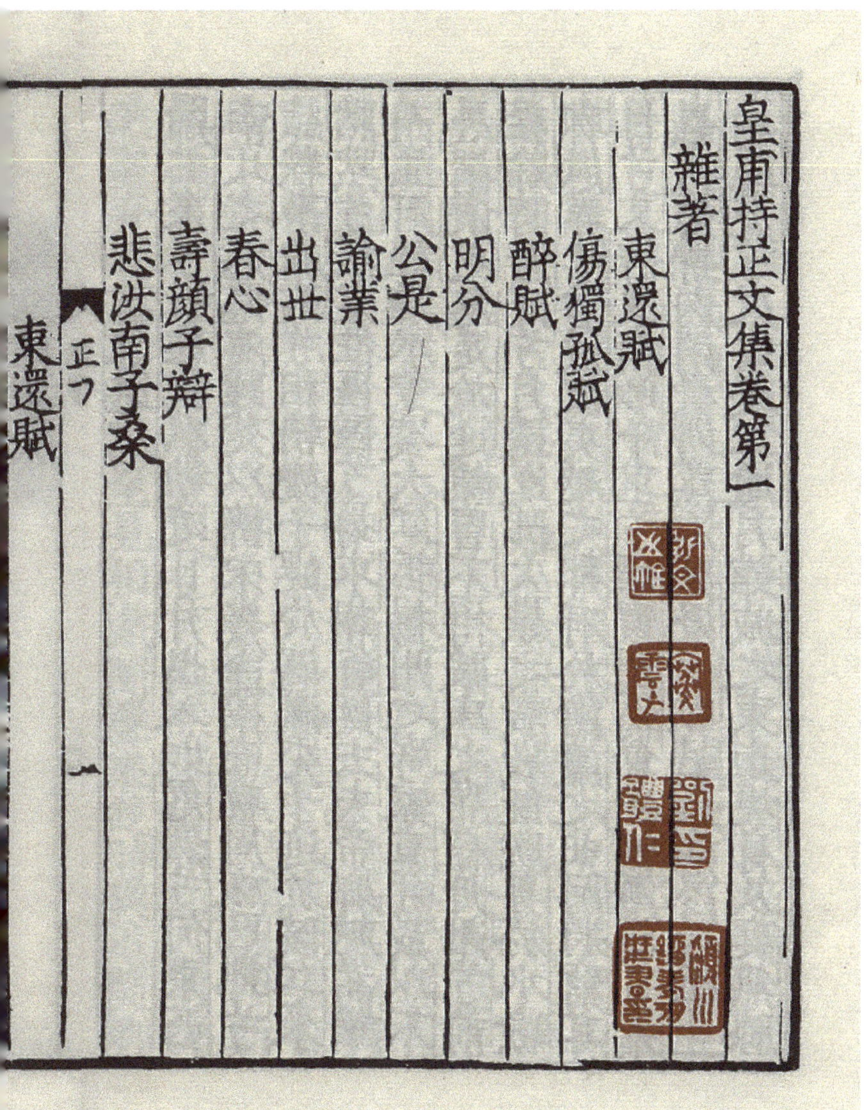

皇甫持正文集卷第一

雜著

正一

東還賦

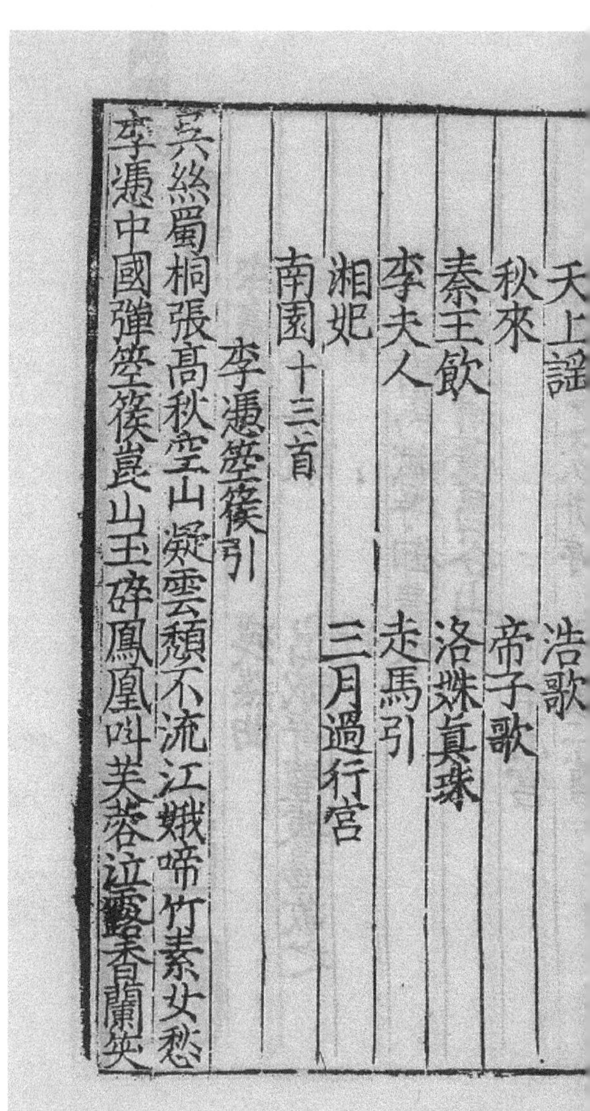

天上謡　浩歌
秋來　帝子歌
秦王飲　洛姝真珠
李夫人　走馬引
湘妃　三月過行宫
南園十三首

李憑箜篌引
吴絲蜀桐張高秋空山凝雲頹不流江娥啼竹素女愁
李憑中國彈箜篌崑山玉碎鳳凰叫芙蓉泣露香蘭笑

◎图三八　宋蜀刻本《李长吉文集》书影

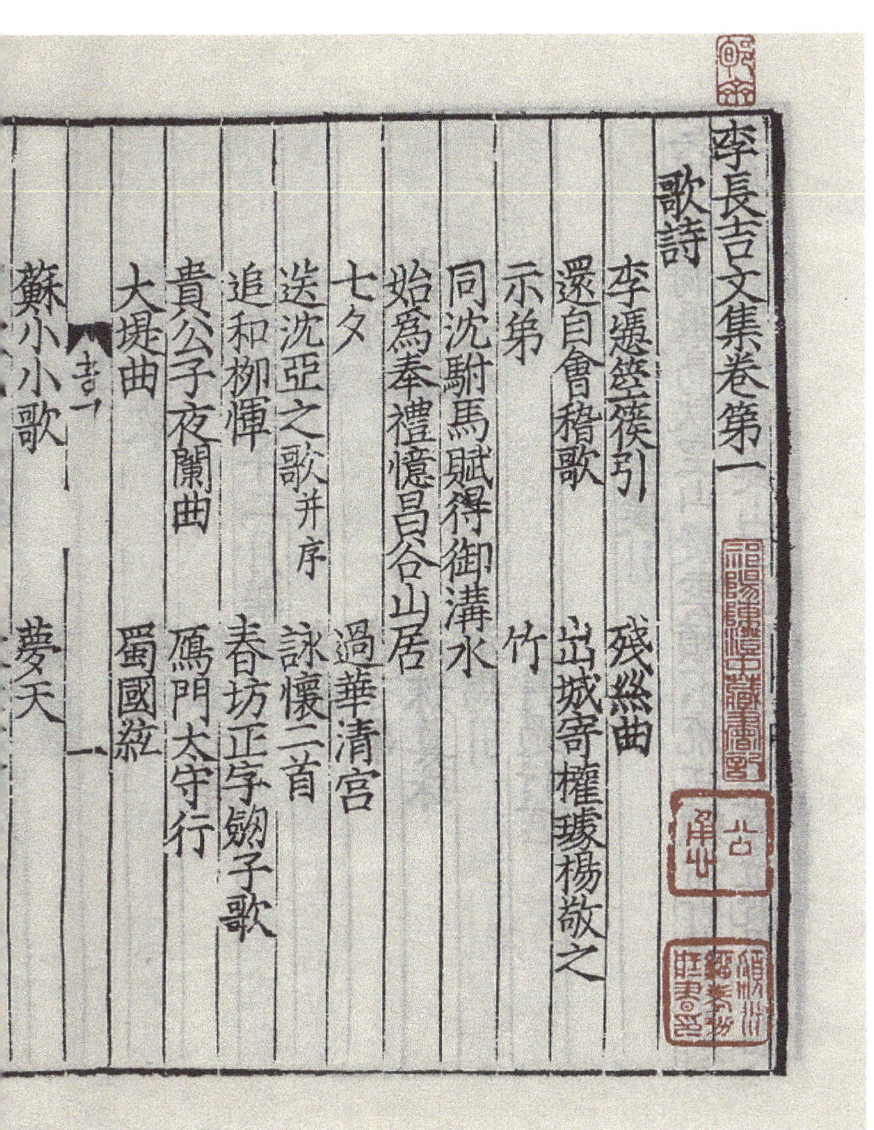

李長吉文集卷第一

歌詩

李憑箜篌引　殘絲曲

還自會稽歌　出城寄權璩楊敬之

示弟　竹

同沈駙馬賦得御溝水

始爲奉禮憶昌谷山居

七夕　過華清宮

送沈亞之歌并序　詠懷二首

追和柳惲　春坊正字劒子歌

貴公子夜闌曲　鴈門太守行

大堤曲　蜀國絃

蘇小小歌　夢天

李一　一

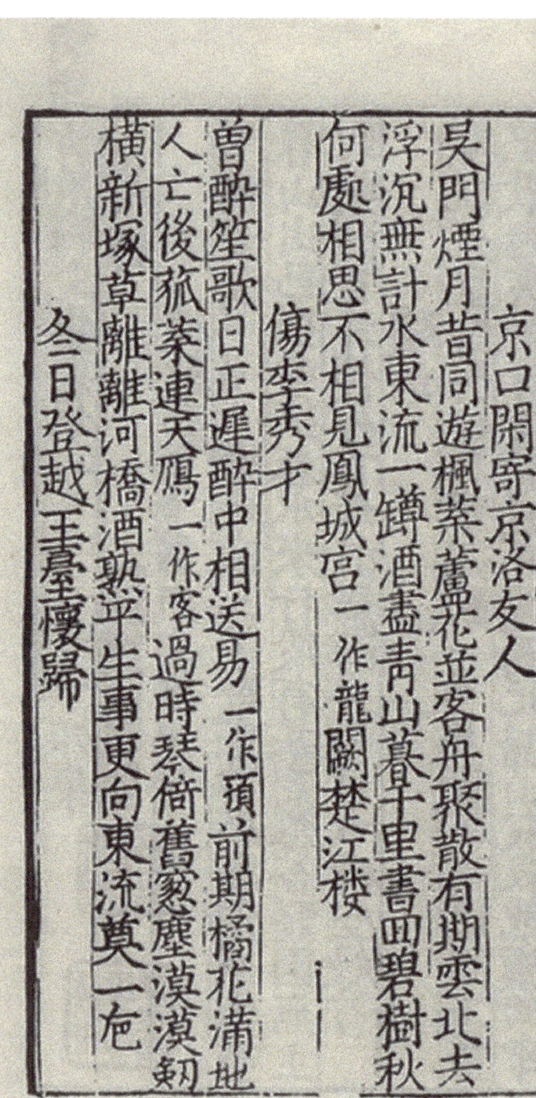
京口閑寄京洛友人
吴門煙月昔同遊楓葉蘆花並客舟聚散有期雲北去
浮沉無計水東流一罇酒盡青山暮千里書回碧樹秋
何處相思不相見鳳城宮一作龍闕楚江樓
傷李秀才
曾醉笙歌日正遲醉中相送易一作頊前期橋花滿地
人亡後菰葉連天鴈一作客過時琴倚舊窻塵漠漠劒
橫新塚草離離河橋酒熟平生事更向東流奠一卮
冬日登越王臺懷歸

◎图三九　宋蜀刻本《许用晦文集》书影

許用晦文集卷第一　丁卯集

雜詩

凌歊臺 當塗縣西宋高祖築

宋祖凌高一作歊樂未回三千歌舞宿層臺湘潭雲盡暮山出巴蜀雪消春水來行殿有基荒薺合寢園無主野棠開百年便作百年計巖畔一作上古碑空緑苔

驪山

聞說先皇醉碧桃日華浮動一作豔鬱金袍風隨玉輦笙歌迥雲捲珠簾劒佩高鳳駕北歸山寂寂龍旟西幸水滔滔蛾眉一作貴妃没後遊巡少瓦落宫墻見野蒿

咸陽城東樓

一上高城万里愁蒹葭楊柳似汀洲溪雲初起日沉閣山雨欲來風滿樓鳥下緑蕪秦苑夕蟬鳴黄葉漢宫秋

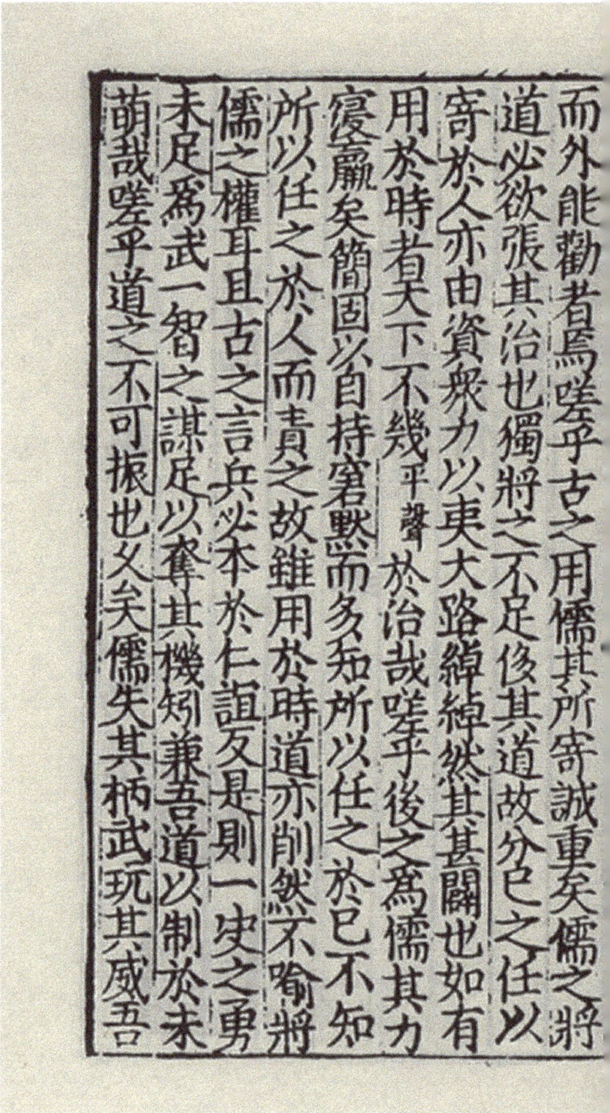

而外能勸者焉嗟乎古之用儒其所寄誠重矣儒之將道必欲張其治也獨將之不足後其道故分已之任以寄於人亦由資衆力以夷大路綽綽然其甚闊也如有用於時者天下不幾平聲於治哉嗟乎後之爲儒其力寖羸矣簡固以自持窘默而多知所以任之於已不知所以任之於人而責之故雖用於時道亦削然不喻將儒之權耳且古之言兵必本於仁誼反是則一夫之勇未足爲武一智之謀足以奪其機矧兼吾道以制於未萌哉嗟乎道之不可振也久矣儒失其柄武玩其威吾

◎ 图四〇 宋蜀刻本《司空表圣文集》书影

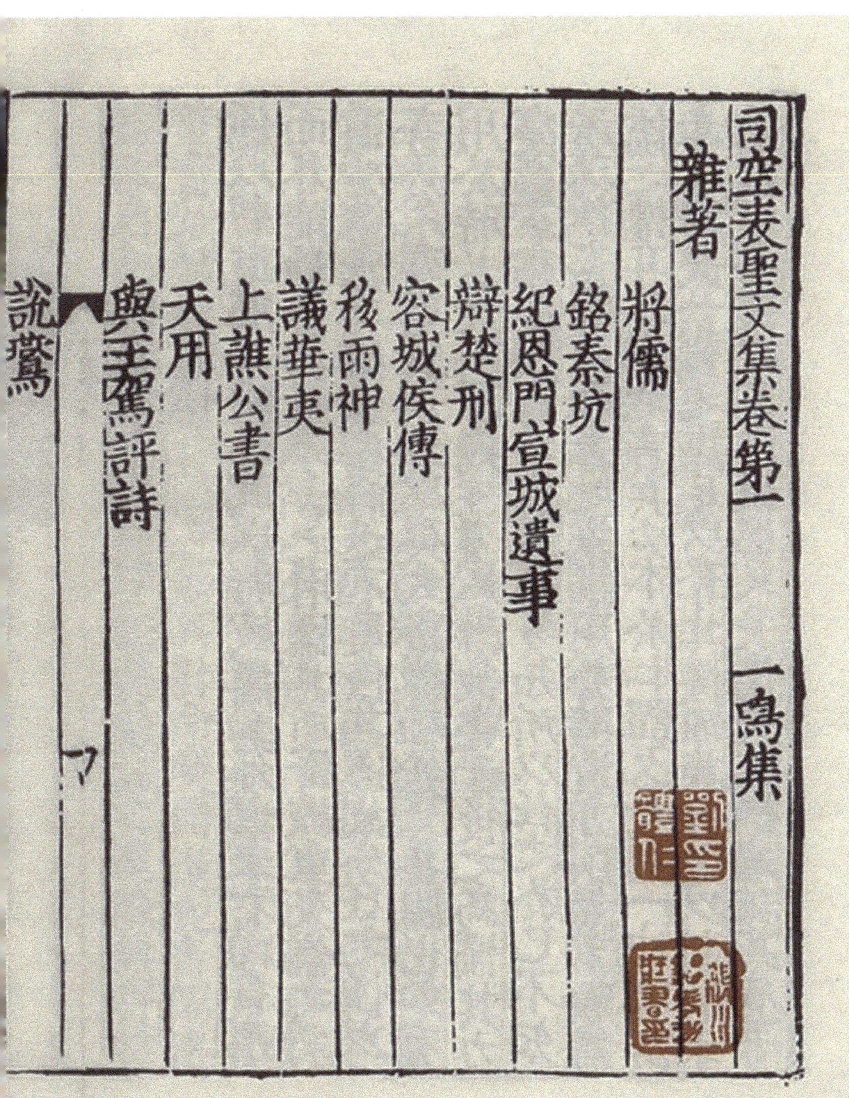

司空表聖文集卷第一　一鳴集

雜著

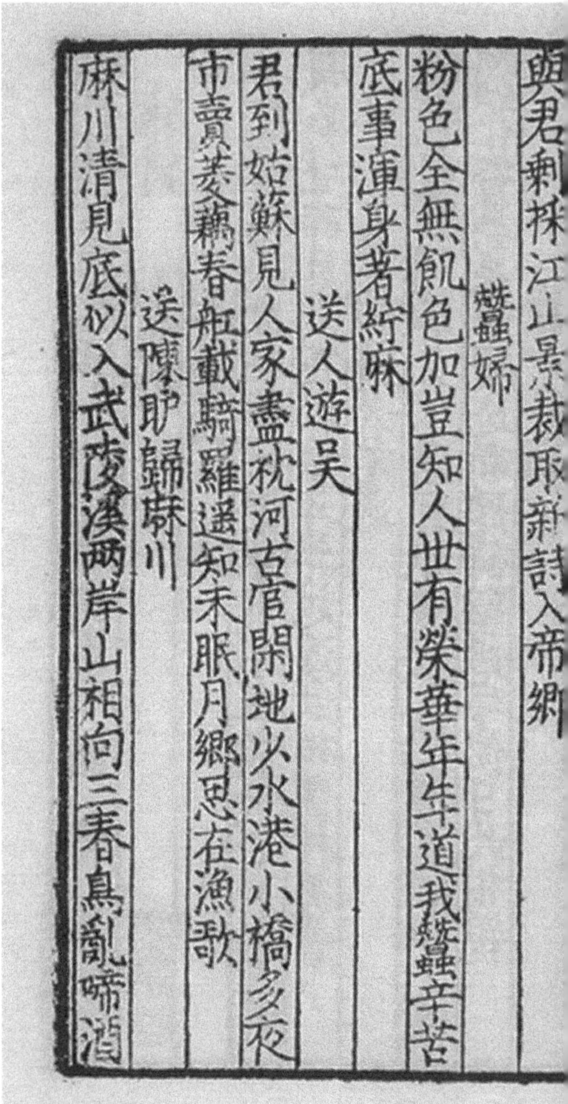

與君剩採江山景裁取新詩入帝鄉

蠶婦

粉色全無飢色加豈知人世有榮華年年道我蠶辛苦

底事渾身著苧麻

送人遊吴

君到姑蘇見人家盡枕河古宫閑地少水港小橋多夜

市賣菱藕春船載綺羅遥知未眠月鄉思在漁歌

送陳昉歸麻川

麻川清見底似入武陵溪兩岸山相向三春鳥亂啼酒

◎图四一　宋蜀刻本《杜荀鹤文集》书影

杜荀鶴文集卷第一　唐風集

雜詩

春宮怨

早被嬋娟誤欲粧臨鏡慵承恩不在貌教妾若爲容風暖鳥聲碎日高花影重年年越溪女相憶採芙蓉

訪道者不遇

寂寂白雲門尋真不遇真衹應松上鶴便是洞中人藥圃花香異泉沙鹿迹新題詩留姓字他日此相親

旅中卧病

秋來誰料病相縈枕上心猶筭去程風射破窻燈易滅月穿踈屋夢難成故園何啻三千里新鴈纔聞三兩聲我自與人無舊分非干人與我無情

冬末同友人泛瀟湘

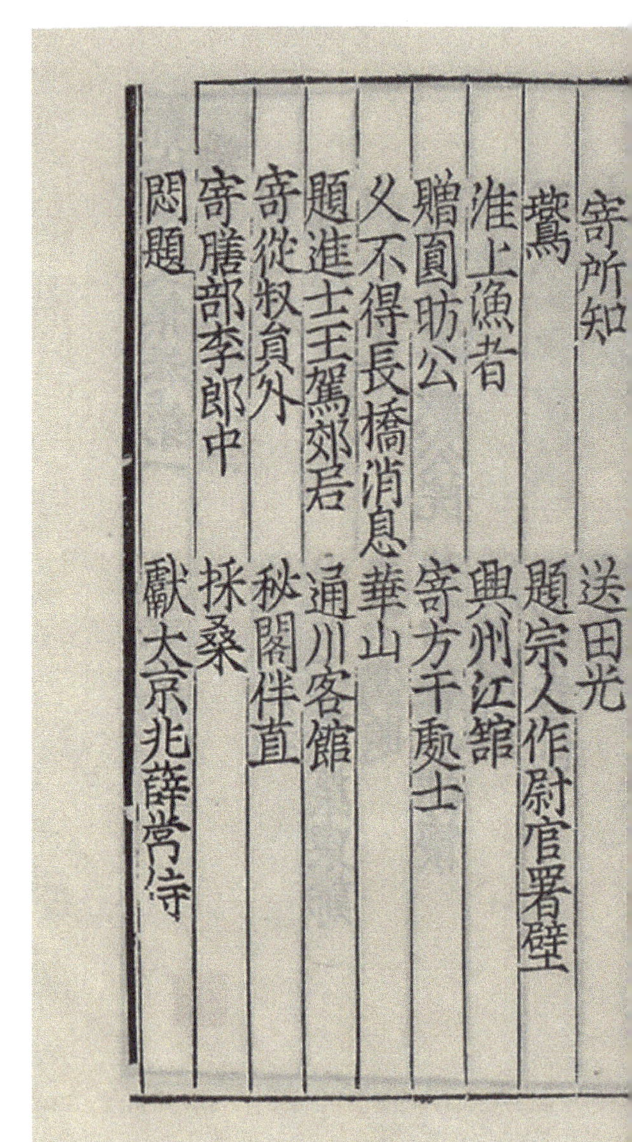
寄所知　送田光
鷺　題宗人作尉官署壁
淮上漁者　興州江舘
贈圓昉公　寄方干處士
久不得長橋消息　華山
題進士王駕郊居　通川客館
寄從叔員外　秘閣伴直
寄膳部李郎中　採桑
悶題　獻大京兆薛常侍

◎图四二　宋蜀刻本《郑守愚文集》书影

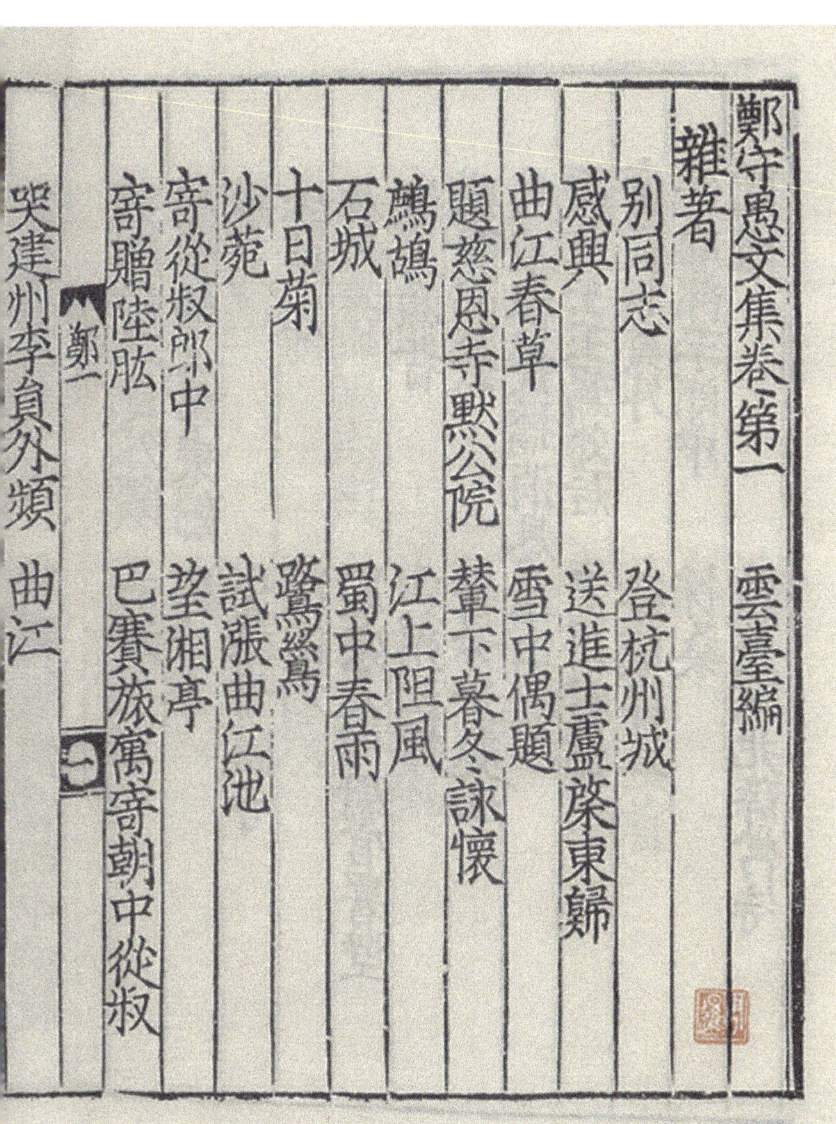

鄭守愚文集卷第一　雲臺編

雜著

鄭一　一

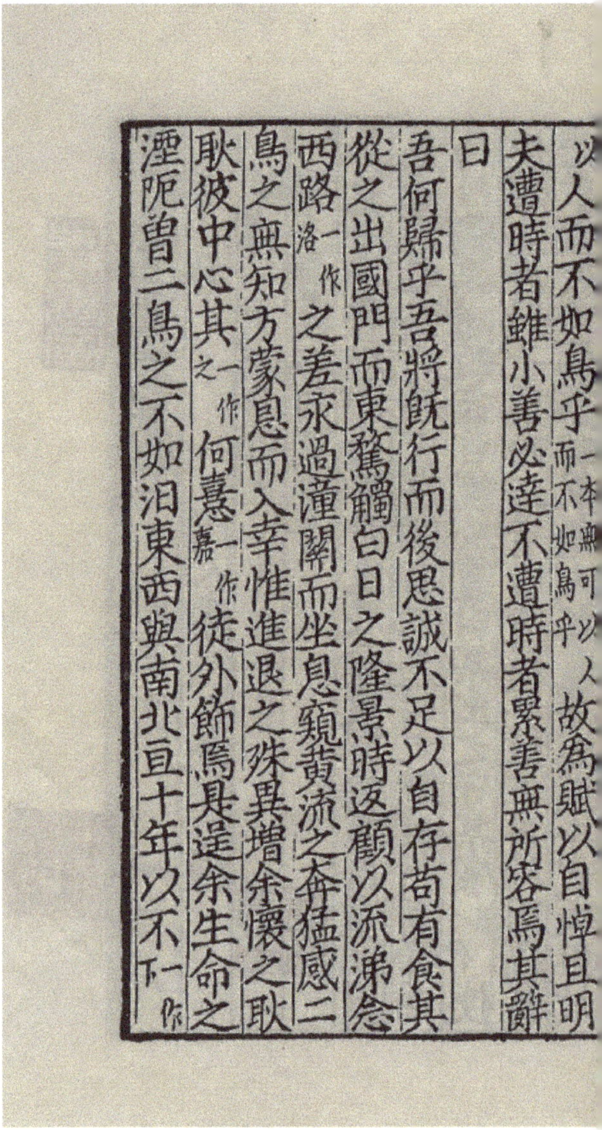

以人而不如鳥乎[一本無可以人而不如鳥乎]故爲賦以自悼且明
夫遭時者雖小善必達不遭時者累善無所容焉其辭
曰
吾何歸乎吾將既行而後思誠不足以自存苟有食其
從之出國門而東騖觸白日之隆景時返顧以流涕念
西路[一作洛]之羌永過潼關而坐息窺黄流之奔猛感二
鳥之無知方蒙恩而入幸惟進退之殊異增余懷之耿
耿彼中心其[一作之]何憙[一作嘉]徒外飾焉是逞余生命之
湮阨曾二鳥之不如汨東西與南北亘十年以不[一作下]

◎图四三　宋蜀刻本《昌黎先生文集》书影

昌黎先生文集卷第一

門人李　漢　編

賦詩

感二鳥賦 并序

貞元十一年一作十五年五月戊辰愈東歸癸酉自潼關出息于河之陰時始去京師有不遇時之歎見行有籠白烏白鸜鵒而西去者號於道曰某土之守某官一作曰使使者進於天子東西行者皆避路莫敢正目焉因竊自悲幸生天下無事時承先人之遺業不識干戈耒耜攻守耕穫之勤讀書著文自七歲至今凡二十二年其行已不敢有愧於道其間居思念前古當今之故亦僅志其一二大者焉選舉於有司下一無下與百千人偕進偕

一

退曾不得名於薦書齒下士于朝以仰望天子之光明

从字体上来讲，“蜀本多颜体”[①]，这是版本学家们比较一致的观点。叶德辉说：“北宋蜀刻经史及官刻监本诸书，其字皆颜、柳体。”（《书林清话》卷二）黄永年认为，蜀本字体“大字和小字不同。大字本基本上是颜字的架子，但不同于建本的横细直粗，而是撇捺都长而尖利，渗入了中唐书法家柳公权的柳字的成分……小字体则撇捺不太尖利而点划比较古拙，笔道也不甚匀称”[②]。李清志则认为：“就其笔法而言，大多较近颜法，而非柳法，但也不能称之为典型之颜体字。”[③]

字体具有时代性和地域性等风格特征，因此它作为版本鉴定的一个重要条件，历来为版本学家们所重视。傅增湘说：“观书以字体雕工风气定其时代，可百不失一。”[④]李清志说：“字体为版本鉴定上最重要的基准，盖各代各地的刻版字体，皆有其独特的书风。”[⑤]李致忠先生强调，版本鉴定要了解书法知识，“否则，见到宋刻古籍字体似欧，而不知可能是浙刻；见到字体近柳而不知可能为宋代闽刻；见到字体类颜而不知

① 曹之：《中国古籍版本学》，武汉大学出版社，1992 年，第 538 页。
② 黄永年：《古籍版本学》，江苏教育出版社，2005 年，第 89 页。
③ 李清志：《古书版本鉴定研究》，文史哲出版社，1986 年，第 54 页。
④ 傅增湘：《藏园群书经眼录》，中华书局，1983 年，第 800 页。
⑤ 李清志：《古书版本鉴定研究》，文史哲出版社，1986 年，第 5 页。

可能为宋体蜀刻，那就在版本确定上要费周折了”[①]。黄永年说：“它（字体）在版本各种现象中是最精最主要的现象。这不仅因为文字是书的最主要的组成部分，更由于文字的字体要随着时代的迁移而变化，而且这种变化比其他事物的变化更明显。”[②]由此可以看出字体风格（包括刀法）在版本鉴定中的重要意义。

在蜀刻本当中，这三种版式的唐人集，在字体、刀法上都有着独特的风貌，故赵万里在谈到蜀刻唐人集时每每说道：“今观字体刀法，知为蜀本无疑。”[③]

我们先看十二行本。目前，笔者所能见到的十二行本蜀刻唐人集共有十九种（不包括藏于台湾省的《欧阳行周文集》），是三个版本系统中存书最多的一种。十二行本版框高十九点五至二十厘米左右，宽十四点五厘米，左右双边，白口，单黑鱼尾，版心中部题文集简称，下镌叶码，无字数和刻工姓名。在字体方面，除了有一部分自然书体，基本上都是追摹颜体楷书，无柳体楷书意味。如《刘梦得文集》残存卷一至卷四，字体方正，具有颜体楷书雄浑劲健的气息。《权

① 李致忠：《古书版本学概论》，书目文献出版社，1990 年，第 22 页。
② 黄永年：《古籍版本学》，江苏教育出版社，2005 年，第 23 页。
③ 北京图书馆编：《中国版刻图录》，文物出版社，1961 年，第 44 页。

载之文集》卷二十八第一、二两叶（图四四），字体风格近于颜真卿《颜勤礼碑》，字形严整，结构严谨、准确，点画遒劲有力。十二行本小字与大字风格一致，自然、浑厚、朴拙。在章法上，十二行本一个显著的特点就是字距紧密，上下相邻两个字的笔画都连在了一起，撇、捺、长横也和左右的栏线相连接。这种版面布局，看着似乎有些眼花缭乱。

在结体上，基本呈方形，体势宽博，如《孟东野文集》《孙可之文集》《杜荀鹤文集》等；有些字形上窄下宽，呈梯形状，这也是十二行本蜀刻唐人集字体的一个显著特征。《昌黎先生文集》卷二十六（图四五），字体特别，其字形方板，笔画挺直、僵硬且粗细变化不大，缺少书写笔意，有些横画的末尾收笔处还出现了较为明显的三角形。此外，十二行本中，

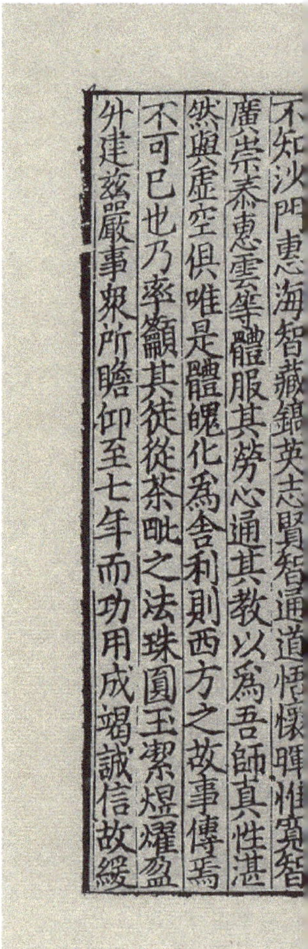

正覺爲上智宅心之域耳初落髮於資中進具於巴西
後聞衡岳有讓禪師者傳教於曹溪六祖真心超詣是
謂頓門跂履造請一言玄解始類顏子如愚以知十俄
此淨居默然於不二又以法性無住秖隨方嘗禪誦於
撫之西裹山又南至于虔之龔公山攫搏者馴悍戾者
仁瞻其儀相自用丕變刺史今河南尹裴公久於禀奉
多所信嚮由此定惠發其明誠大曆中尚書路冀公之
爲連師也車旁午請居理所貞元二年成紀李公以侍
極司憲臨長是邦勤護法之誠承最後之說大抵去三
以就一捨權以趨實示不遷不染之性無差別次第之
門嘗曰佛不遠人即心而證法無所着觸境皆如豈在
多歧以泥學者故夸父喫詬求之愈踈而金剛醍醐正

載　二

在方寸於是解其結發其覆如利刃之破骨索甘露之
洒稠林隨其義味快得善利者可勝道哉化緣既周趺
坐報盡時貞元四年二月庚辰春秋八十夏臘六十前
此以石門清曠之境爲宴默終焉之地忽謂入室弟子
曰吾至二月當還爾其識之及是委化如合符節當夾

◎ 图四四　宋蜀刻本《权载之文集》卷二十八书影

有大部分的字体变形严重，结构失调。在笔画上，其主要特征是，横画尖毫起笔，中间细，结尾处一般顿笔较重，这种顿笔在刻工“率意”的刀下，显得尤为沉重；另外就是撇捺笔画较长，捺脚向右下出锋。

在刀法上，也是精粗不一。仅以《孟浩然诗集》为例，此集刀法稳健，准确熟练。尤其是卷前的《序》（图四六），行刀圆润、灵活、细腻，较好地体现了字体的书写意味。十二行本的另一个特点是刀法粗率、刊刻粗糙，点画起止只见刀痕不见笔意。刻工似乎不大在意书手的墨迹原稿，恣意地横刀直切。“率意”的刀法，使得点画见棱见角，字迹笔势凌乱，结构欹侧变形。但细细品味，这种大胆、率意的奏刀，呈现的是一种自然、朴实、稚拙的天趣。

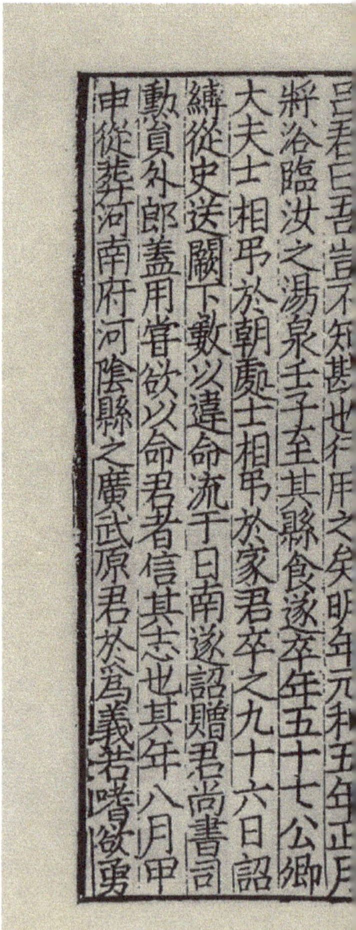

十一行本宋蜀刻唐人集，现存三

昌黎先生文集卷第二十六
墓銘　門人李　漢　編
唐朝散大夫贈司勳員外郎孔君墓誌
銘
昭義節度使盧從史有賢佐曰孔君諱戡字君勝從史
爲不法君陰爭不從則於會肆言以折之從史羞面頸
發赤抑首吐一作伏氣不敢出一語以對立爲君更令
改章辭者前後累數十坐則與從史說古今君臣父子
之道順則受成福逆輒危辱誅死且曰公當爲彼不得
爲此從史常聳聽喘汗居五六歲益驕有悖語君爭無
改悔一有意色則悉引從事空一府往爭之從史雖羞
退益甚君泣語其徒曰吾所爲止於是不能以有加矣

昌二六　一

遂以疾辭去卧東都之城東酒食伎樂之燕不與當是
時天下以爲賢論士之宜在天子左右者皆曰孔君
云云一無下云字會宰相李公鎮揚州首奏起君君猶
卧不應從史讀詔曰是故舍我而從人耶即亟奏君所

◎ 图四五　宋蜀刻本《昌黎先生文集》卷二十六书影

种，《骆宾王文集》《李太白文集》和《王摩诘文集》，版框高十八点五至十九点五厘米，宽十四点五厘米，左右双边，白口，单黑鱼尾，版心中部题文集简称，下镌叶码和刻工姓名，无字数。十一行本的字体风格与十二行本有着很大的不同：字体为长方形，略呈纵势；点画流畅、生动，字距疏朗，行气贯通；横画结尾收笔处，没有太明显的顿笔；刻工技艺娴熟，基本上忠实于墨稿；刀法方圆并施，表现了书写的生动性。十一行本整体风格比较统一，写、刻俱佳。

十行本，笔者所见到的是《新刊经进详注昌黎先生文》和《新刊增广百家详补注唐柳先生文》，版框高二十一厘米，宽十四点三厘米，左右双边，白口，单黑鱼尾，版心中部题文集简称，下镌叶码和刻工姓名，无字数。十行本字径在一点三厘米左

名山行年十八首事陵山恒岳咨術通玄丈人過蘇門
問道隱者左知運太白胥隱訣終南修亢倉九篇天寶
四載徂夏詔書徵謁京兆府過與家臣八座討論山林
之七曆至始知浩然物故嗟哉未禄於代史不必書安

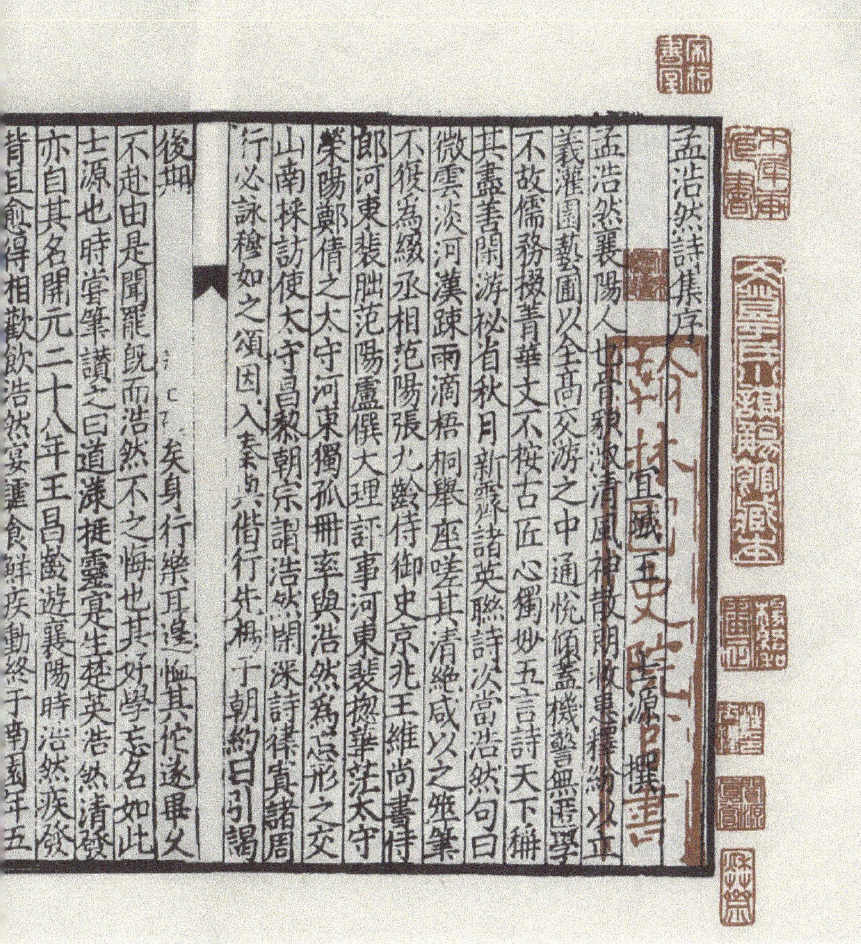
孟浩然詩集序

宜城王士源　撰

孟浩然襄陽人也骨貌淑清風神散朗救患釋紛以立義灌園藝圃以全高交游之中通悅傾蓋機警無匿學不攻儒務掇菁華文不按古匠心獨妙五言詩天下稱其盡善閑游秘省秋月新霽諸英聯詩次當浩然句曰微雲淡河漢疏雨滴梧桐舉座嗟其清絕咸以之擱筆不復爲綴丞相范陽張九齡侍御史京兆王維尚書侍郎河東裴朏范陽盧僎大理評事河東裴揔華陰太守榮陽鄭倩之太守河東獨孤冊率與浩然爲忘形之交山南採訪使太守昌黎朝宗謂浩然閑深詩律寘諸周行必詠穆如之頌因入秦與偕行先揚于朝約日引謁

後期[illegible]矣身行樂耳遑恤其佗遂畢[illegible]不赴由是閒罷既而浩然不之悔也其好學忘名如此士源也時嘗筆讚之曰道漾挺靈寔生楚英浩然清發亦自其名開元二十八年王昌齡遊襄陽時浩然疾發背且愈得相歡飲浩然宴謔食鮮疾動終于南園年五

◎ 图四六　宋蜀刻本《孟浩然诗集》书影

右，是三个版本系统中字号最大的一种，故又被称为“大字本”。十行本在版式特征、字体风格和镌刻刀法等方面与十一行系统或十二行系统都不一样。其字体方正，楷法严谨，点画浑厚劲健，刀法精准爽利，不失颜楷气度。

《新刊经进详注昌黎先生文》卷前镌有殿中侍御史杜莘老写的《详注韩文引》（图四七、图四八），为手写体。杜莘老（1107—1164），字起莘，眉州青神（今四川眉山市青神县）人。他是唐代大诗人杜甫的十三世孙，妻子是北宋著名文学家、书法家黄庭坚的孙女黄氏。宋高宗绍兴十年（1140），杜莘老省试得中，因为双亲年迈不能前去参加廷对，皇帝赐予同进士出身。历任太常寺主簿、监察御史、殿中侍御史、遂宁府知府等职。杜莘老在任上，以忠直敢谏、疾恶如仇、大公

夏爭衡柰何遭唐不競吾道寖
薾故其文亦遂湮微可為慨嘆者
矣綿祀數百焄蒿悽愴有神相之

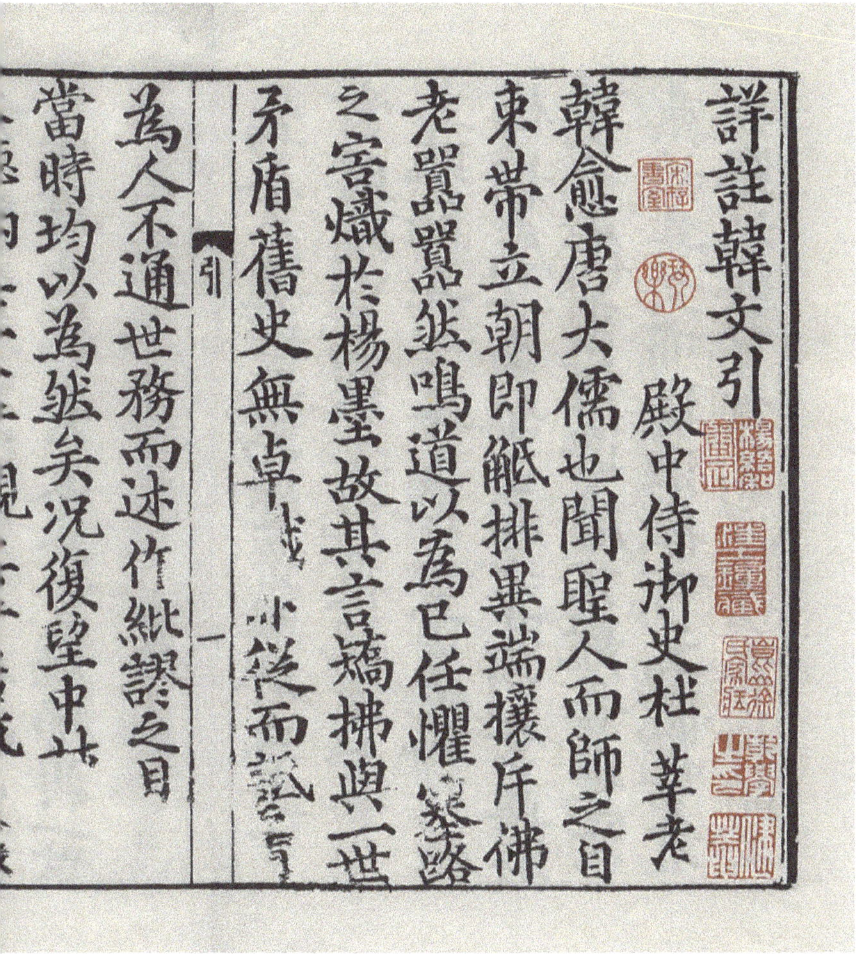

詳註韓文引

殿中侍御史杜　莘老

韓愈唐大儒也聞聖人而師之自東帯立朝即𩨷排異端攘斥佛老嚚嚚然鳴道以為巳任懼塞路之害熾於楊墨故其言嬌拂與一世矛盾舊史無卓哉小從而譏訾為人不通世務而迹作紕繆之目當時均以為然矣况復望中此

引　一

◎ 图四七　《详注韩文引》第一叶

无私而声震一时，被朝野誉为“骨鲠敢言者”“刚直御史”，《宋史》卷三百八十七有传。这篇《详注韩文引》就写于他在殿中侍御史的任上。我们还不知道这篇《引》是否出于杜莘老的手笔，杜莘老在书法史上不见经传，笔者还没有查到有关杜莘老的其他墨迹手札，无法参照比对。但这确实是一篇精彩的书法作品！把楷书写得如此灵活生动，没有深厚的书法功力是很难做到的。其字迹遒劲，点画凝重又不失灵动洒脱。这种生动的笔触，使我们如临书写者之情境，正如南宋书法家、词人姜夔（1154—1221）所云：“余尝历观古之名书，无不点画振动，如见其挥运之时。”（《续书谱·血脉》）我们似乎从这劲健的点画、笔触之中，领略到了一位“刚直御史”的风骨。

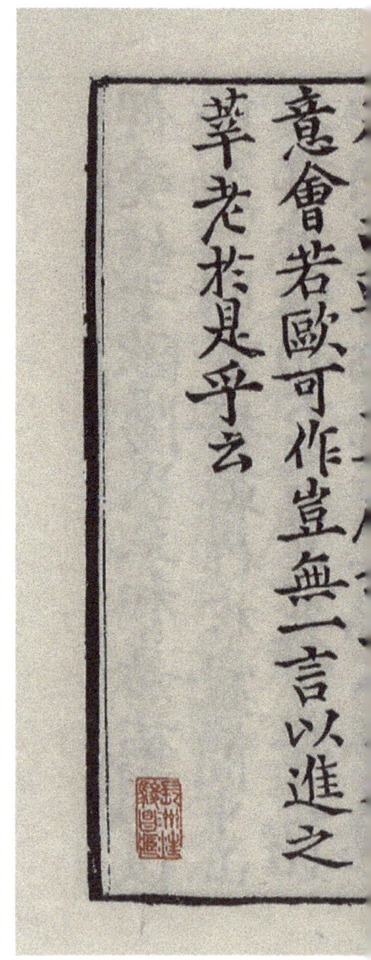
意會若歐可作豈無一言以進之
莘老於是乎云

宋蜀刻本唐人集，作为我国珍稀古籍文献，在校勘学、版本学、唐代

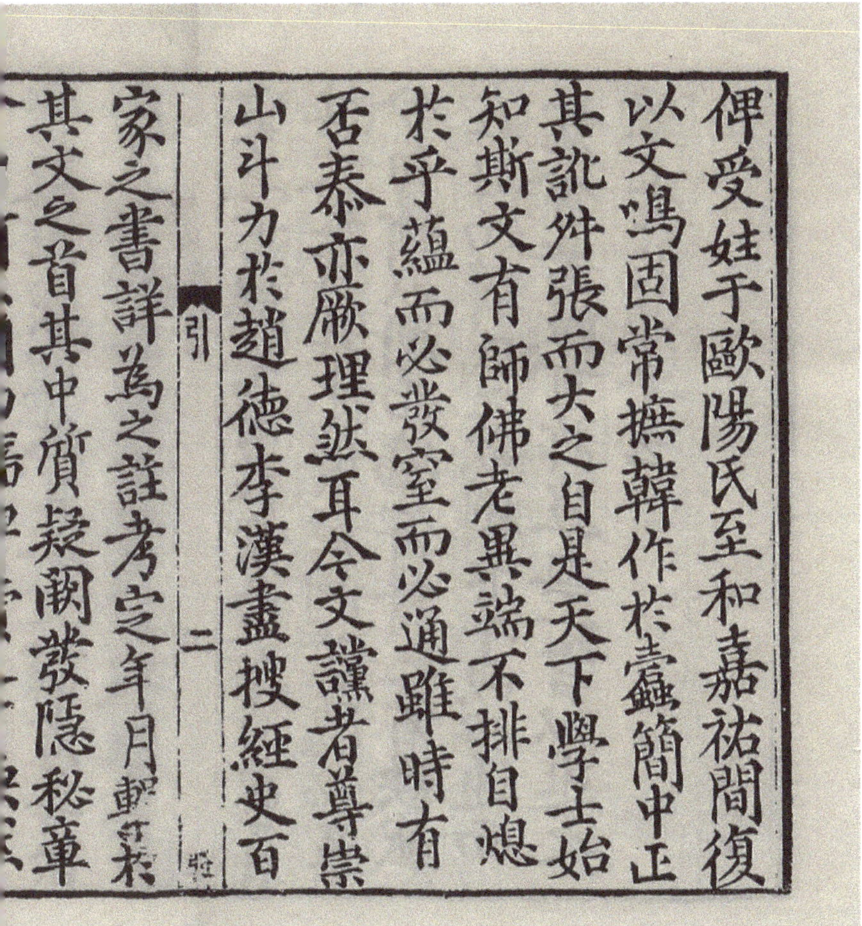

俾受娃于歐陽氏至和嘉祐間復
以文鳴固常摭韓作於蠹簡中正
其訛舛張而大之自是天下學士始
知斯文有師佛老異端不排自熄
於乎藴而必發窒而必通雖時有
否泰亦厥理然耳今文讜者尊崇
山斗力於趙德李漢盡搜經史百

引　二

家之書詳爲之註考定年月郵訂表
其文之首其中質疑闕發隱秘章

◎ 图四八　《详注韩文引》第二叶

文学等多个方面都有着重要的研究价值；同时，它又是十分珍贵的书法史料。我们通过这些版刻古籍，可以看到楷书艺术在普通工匠手中创造性地传承与发展。

铁琴铜剑楼旧藏《四书章句集注》

铁琴铜剑楼旧藏《四书章句集注》

《论语》《孟子》《大学》《中庸》合称“四书”，始于朱熹。南宋淳熙四年（1177），朱熹完成了对《论语》和《孟子》的“集注”；为《大学》和《中庸》作“章句”，则完成于淳熙十六年（1189）。绍熙元年（1190），朱熹官知漳州，在漳州首次刊印了《四书章句集注》，“四书”之名由此正式确立。《四库全书总目》卷三五云：“定著‘四书’之名，则自朱子始耳。”

《四书章句集注》现存最早的刻本，是南宋嘉定十年（1217）吴柔胜当涂郡斋刻，嘉熙四年（1240）、淳祐八年（1248）、十二年（1252）递修的《论语集注》十卷《序说》一卷（图四九），《孟子集注》十四卷《序说》一卷（图五〇）；淳祐十二年（1252）马光祖当涂郡斋刻的《大学章句》（图五一）和《中庸章句》（图五二）。原为铁琴铜剑楼旧藏，现藏于中国国家图书馆。

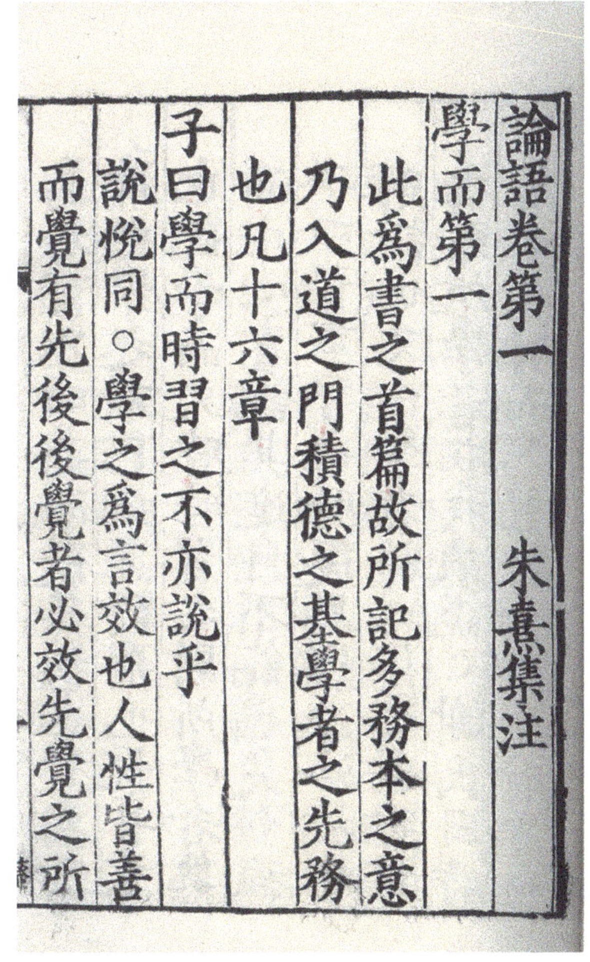
論語卷第一　　朱熹集注

學而第一

此爲書之首篇故所記多務本之意乃入道之門積德之基學者之先務也凡十六章

子曰學而時習之不亦説乎

説悦同○學之爲言效也人性皆善而覺有先後後覺者必效先覺之所

◎ 图四九　宋当涂郡斋刻本《论语集注》书影

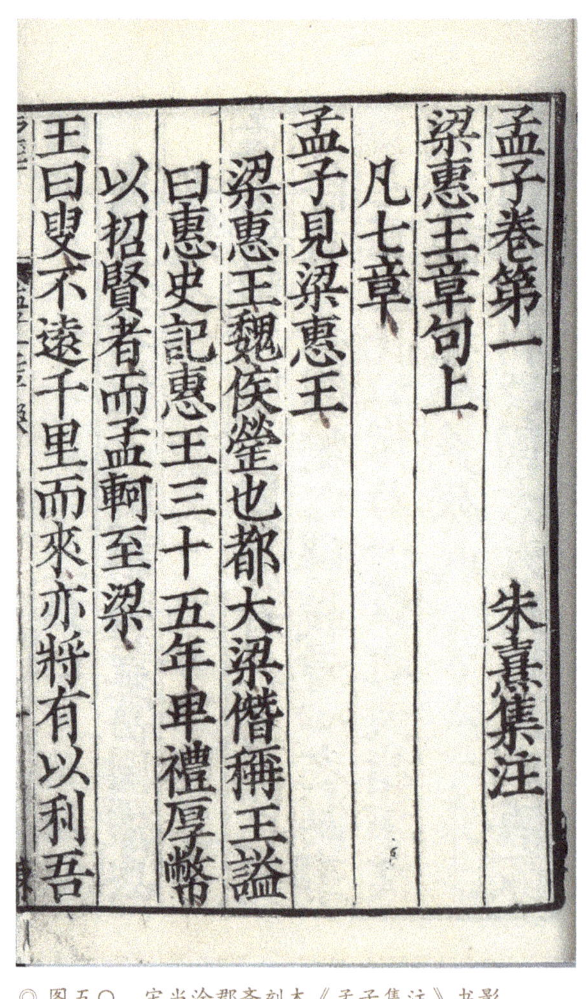

孟子卷第一　朱熹集注

梁惠王章句上

凡七章

孟子見梁惠王

梁惠王魏侯罃也都大梁僭稱王謚曰惠史記惠王三十五年卑禮厚幣以招賢者而孟軻至梁

王曰叟不遠千里而來亦將有以利吾

◎ 图五〇　宋当涂郡斋刻本《孟子集注》书影

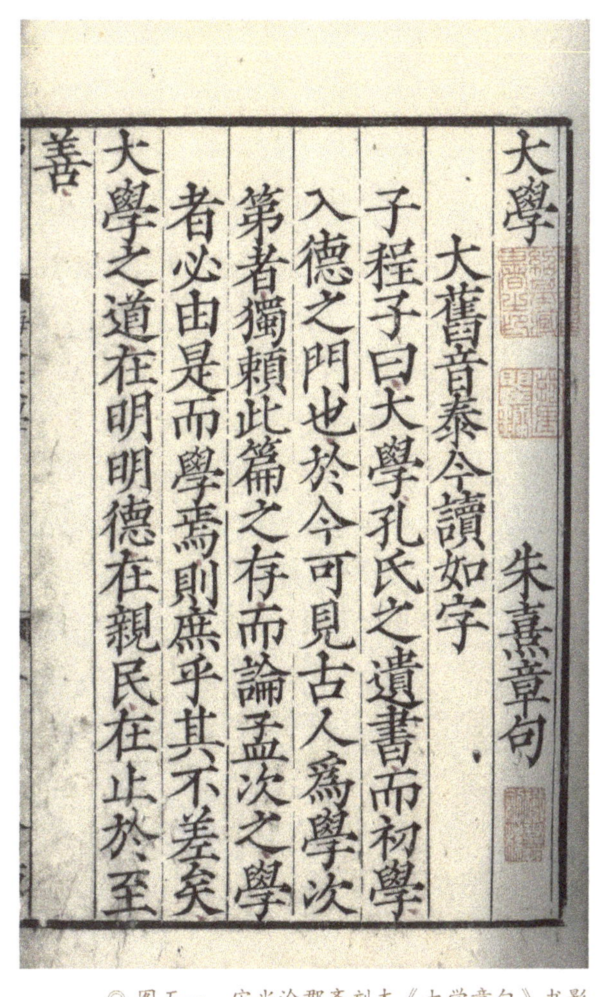

大學　朱熹章句

大舊音泰今讀如字

子程子曰大學孔氏之遺書而初學入德之門也於今可見古人爲學次第者獨賴此篇之存而論孟次之學者必由是而學焉則庶乎其不差矣

大學之道在明明德在親民在止於至善

◎ 图五一　宋当涂郡斋刻本《大学章句》书影

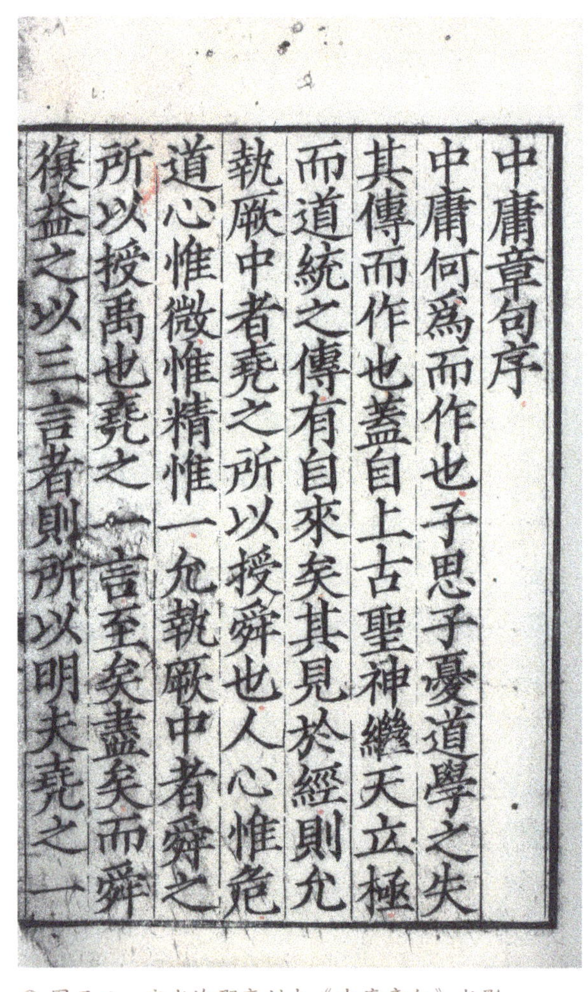

中庸章句序
中庸何爲而作也子思子憂道學之失
其傳而作也蓋自上古聖神繼天立極
而道統之傳有自來矣其見於經則允
執厥中者堯之所以授舜也人心惟危
道心惟微惟精惟一允執厥中者舜之
所以授禹也堯之一言至矣盡矣而舜
復益之以三言者則所以明夫堯之一

◎ 图五二　宋当涂郡斋刻本《中庸章句》书影

吴柔胜（1154—1224），字胜之，宣州（今安徽省宣州市）人。他出生于一个有文化修养的家庭。《宋史》卷四百《吴柔胜传》载："幼听其父讲伊、洛书，已知有持敬之学，不妄言笑。长游郡泮，人皆惮其方严。登淳熙八年进士第，调都昌簿。丞相赵汝愚知其贤，差嘉兴府学教授，将置之馆阁。会汝愚去，御史汤硕劾柔胜尝救荒浙右，擅放田租，为汝愚收人心，且主朱熹之学，不可为师儒官，自是闲居十余年。嘉定初，主管刑、工部架阁文字，迁国子正。柔胜始以朱熹《四书》与诸生诵习，讲义策问，皆以是为先……改知太平州，除直秘阁，主管亳州明道宫。改直华文阁，除工部郎中，力辞。除秘阁修撰，依旧宫观以卒，谥正肃。"通过以上记载，我们了解到，吴柔胜主张朱熹学说，推崇朱熹集注的《四书》。因此，他来太平州（今当涂）做官，便刊刻了《四书章句集注》。

马光祖（约1201—1273），字华父，一字实夫，号裕斋，婺州金华（今属浙江）人。《宋史》卷四一六《马光祖传》载："宝庆二年（1226）进士，调新喻主簿，已有能名。从真德秀学。改知余干县，差知高邮军，迁军器监主簿，差充督视行府参议官……起直徽猷阁、知太平州、提领江西茶盐所。进直宝文阁，迁太府少卿，仍知太平州，提领江、淮茶盐所。迁司农卿、淮西总领兼权江东转运使。”以上传记资料告诉我们，马光祖曾知太平州。

《大学章句》卷尾镌有“从政郎提领江淮茶盐所准备差遣刘梦高校正”一行。又镌马光祖手书题跋一篇，云：“当涂郡斋旧有文公《语》《孟》集注，注与本文皆大字，于老眼为宜，盖正肃吴公所刊，见谓善本。光祖朅来假守，依仿规制，取《中庸》《大学》章句并刊之，足成‘四书’。《语》《孟》岁月浸久，间有漫灭，就加整治。是书在天地间无穷达，老少皆不可一日废。熟复玩味，则施之行事其有不敬且畏哉。淳祐壬子孟秋朔旦金华马光祖敬识。”（图五三）“正肃吴公”指的就是吴柔胜。此跋说明，当涂郡斋旧有之《论语集注》《孟子集注》为吴柔胜所刊， 注文与经文字迹一样大；马光祖来守太平州时，模仿吴柔胜刻《论语集注》和《孟子集注》的版式，刊刻了《大学章句》和《中庸章句》，以“足成‘四书’”。同时，还对“岁月浸久，间有漫灭”的《论语集注》和《孟子集注》旧版进行了修补、替换。

这篇跋语的另一个意义，是它的书法艺术价值和史料价值。此跋手写体，行书，章法取纵势，笔画流畅凝重。这件手书跋语的最大特点，是行书里面使用了较多的楷书写法。尤其是笔画的转折处，提按明显，均以方折为主，如“当”“有”“为”“眼”“宜”“肃”“谓”“句”“月”“间”等字；作为主笔的长横，也多为楷书写法，如“集”“善”“章”“并”等。邱振中先生认为，从宋代开始，唐代楷书的写法渗入到行书里，而且越来越严重。以颜真卿为界，颜真卿后面的黄庭坚、米芾、赵孟頫、董其昌等，他们都属于“楷后行书”，其主要的特点是强调笔法的提按与留驻。马光祖是南宋末年的名臣，他的书法作品，仅见此一件，但提供了“楷后行书”的又一绝好例证，弥足珍贵。

《四书章句集注》的行款版式为半叶八行，行十五字，框高二十五点三厘米，宽十七点四厘米，白口，左右双边。《大学章句》和《中庸章句》版心为黑双顺鱼尾，《论语集注》和《孟子集注》版心为单黑鱼尾，其中“重刊”“换版”部分大都为黑双顺鱼尾。上记字数，下镌叶码和刻工。但版心中间所记内容较为复杂，也不统一。《大学章句》版心中间镌“晦庵大学序”“晦庵大学”；《中庸章句》版心中间镌“晦庵中庸序”“晦庵中庸章句”；《论语集注》版心中间镌“读语孟法”“论语序说”“论语一”“论语集注卷一”；《孟子集注》版心中间镌“孟子序说”“孟子序”“孟子一”“孟子一卷”“孟子卷一”。

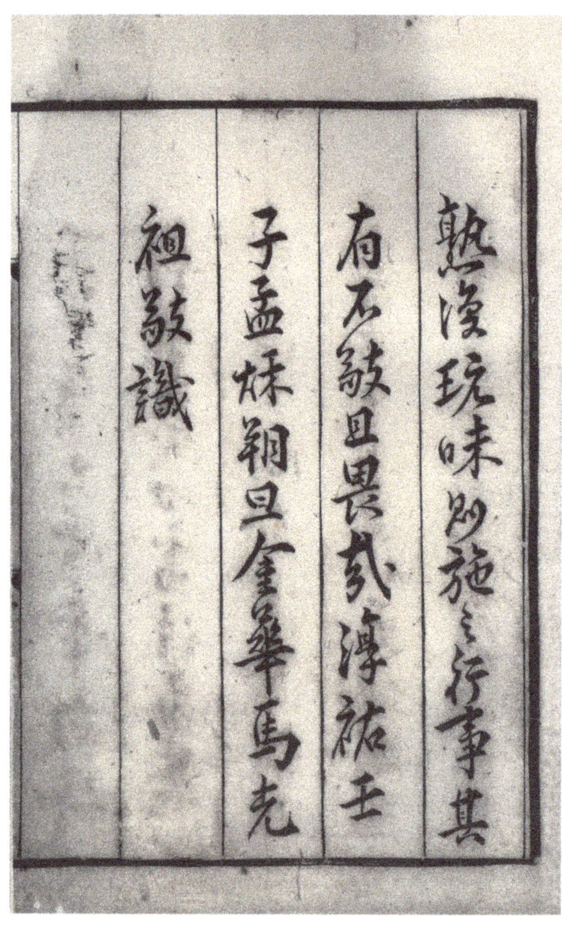

熟復玩味以施之行事其
有不敏且畏哉淳祐壬
子孟秋朔且金華馬光
祖敬識

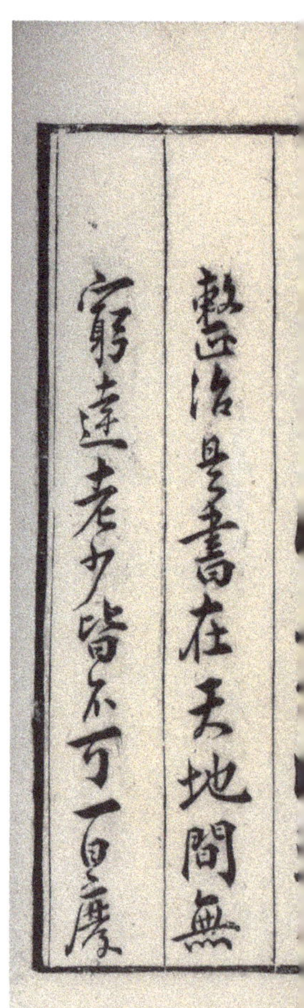

整治是書在天地間無
窮達老少皆不可一日廢

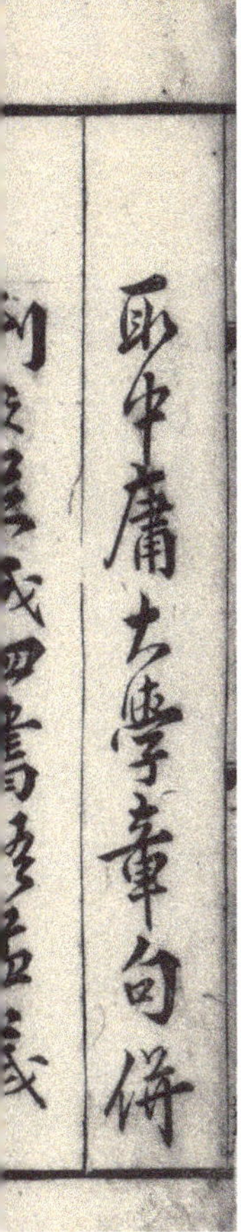

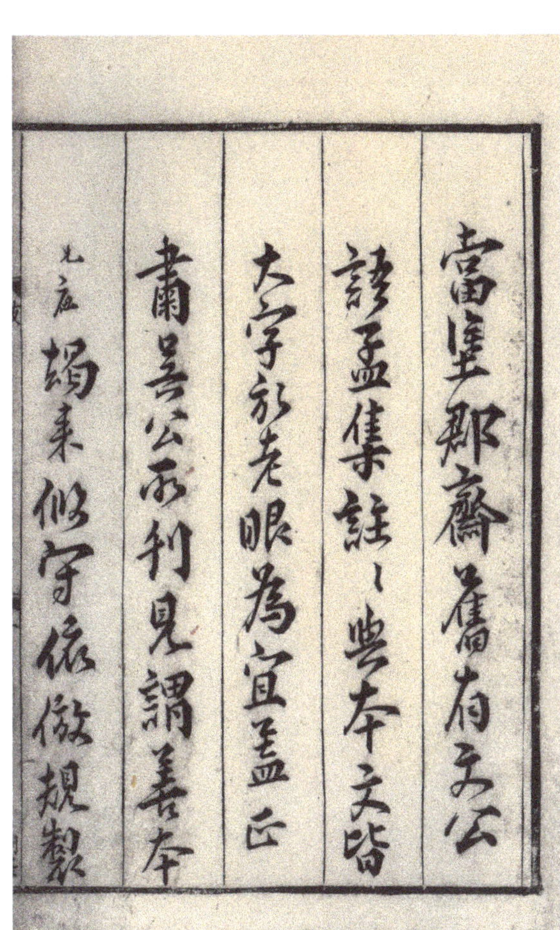

◎图五三 《大学章句》马光祖跋

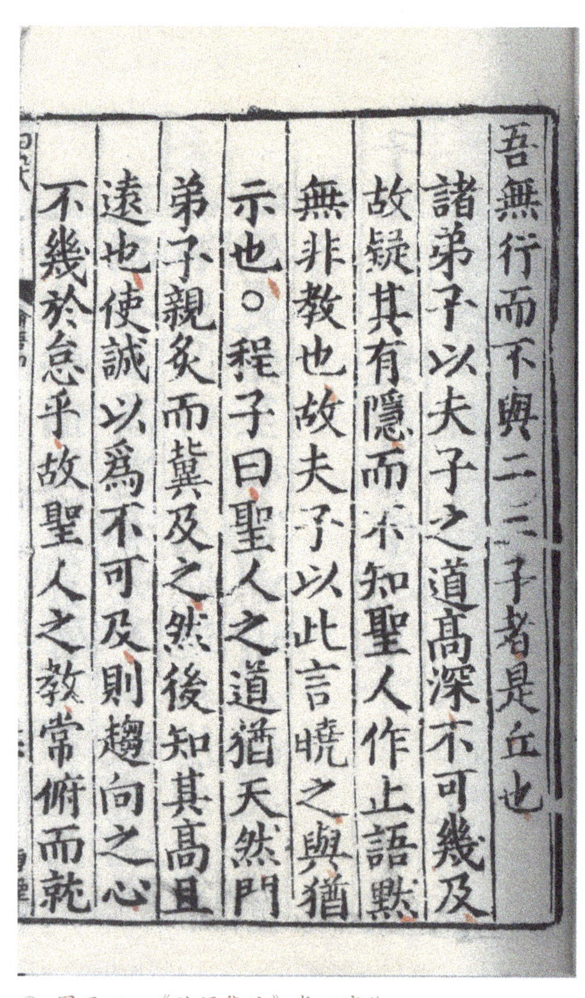
吾無行而不與二三子者是丘也
諸弟子以夫子之道高深不可幾及
故疑其有隱而不知聖人作止語默
無非教也故夫子以此言曉之與猶
示也。程子曰聖人之道猶天然門
弟子親炙而冀及之然後知其高且
遠也使誠以爲不可及則趨向之心
不幾於怠乎故聖人之教常俯而就

◎ 图五四 《论语集注》卷四字体

另外，《论语集注》和《孟子集注》中所有补刻的书叶，版心均镌有“庚子重换”“庚子重刊”“戊申重刊”“壬子换”“壬子换版”“壬子重刊”等字样。

《四书章句集注》的字体，其书法主要取法颜体楷书，字形方正，朴茂雄浑。前面我们讲了，《论语集注》和《孟子集注》吴柔胜刻于嘉定十年（1217）；《大学章句》和《中庸章句》马光祖刻于淳祐十二年（1252），后两部书与前两部书的刊刻时间相距三十五年之久，刻工也不相同，然其版式行款则完全一致。但从字体的书法风格和刀法特征来看，我们通过仔细比较，还是能发现一定差别的。

《论语集注》和《孟子集注》，书法风格近于颜真卿《颜勤礼碑》，圆浑、沉稳、凝重。此二书由于刊刻时间较早，刷印时个别字迹模糊、笔画残缺。有些笔画的边缘也朦胧不清，已泯灭了刀刻痕迹（图五四）。这似乎更增添了其古朴、淳厚之美，与“重刊”“换版”叶相比，其风格明显不同，一看就知道不是同一个时期的刻本。这两部书所有“重刊”“换版”的书叶，均由《大学章句》和《中庸章句》的刻工俞寅、骆正、梅兴、杨思成等人镌刻，其书法风格和刀法特征也都与《大学章句》和《中庸章句》一致。

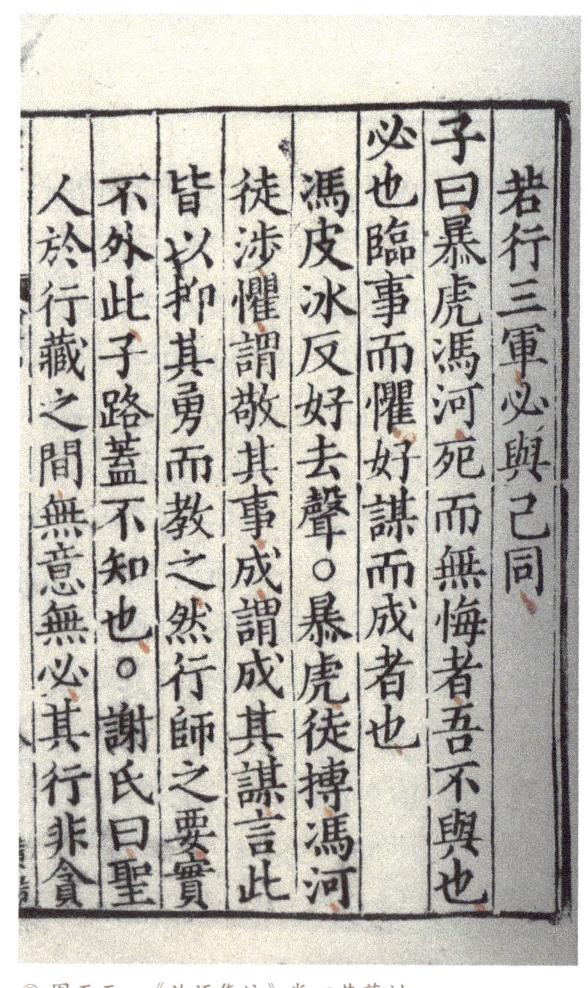

若行三軍必與己同
子曰暴虎馮河死而無悔者吾不與也
必也臨事而懼好謀而成者也
馮皮冰反好去聲。暴虎徒搏馮河
徒涉懼謂敬其事成謂成其謀言此
皆以抑其勇而教之然行師之要實
不外此子路蓋不知也。謝氏曰聖
人於行藏之間無意無必其行非貪

◎ 图五五　《论语集注》卷四黄帝刻

参与《论语集注》和《孟子集注》这两部书（不含“重刊”“换版”叶）镌刻的刻工有：杨成、杨雍、杨东、刘大明、刘大亨、刘扬、刘柄、刘甫、陈世昌、陈世、陈新、陈正、黄莒、黄芾、黄世、唐禋、唐悦、王日新、蔡宣、蔡浩、蔡万、卜先、毛正等。对字结构和点画形态不同的感受及个人禀赋的差异，使得每位刻工都有着各自不同的奏刀习惯和刀法特征，表现在同一部书中，其字体风格也会有着多样性的差别。

《论语集注》卷四第八叶（图五五）为黄芾所刻，横画纤细，竖画略粗，结构精准，疏朗明快；该卷第二十七叶（图五六）为刘大明所刻，点画粗重、浑厚，横竖笔画粗细变化不大，方中带圆，刚柔相济。刻工刀法稳健，字体既有颜楷之雄浑，又有魏碑之刚健。

《孟子集注》卷一第五、第六叶（图五七），字体方方正正，笔画挺直、规范，横画结尾处多有明显的三角形特征，横细直粗，开“匠体字”之先声。《孟子集注》卷十第五、第六叶（图五八）为刘大亨所刻，刀法圆活、精细，使刀如写，刻工有意识地保持原写版字样的书写性特征。《孟子集注》卷六第一叶（图五九）、第二叶则是另一种风格——稚拙、浑朴，此叶版心不见刻工姓名。

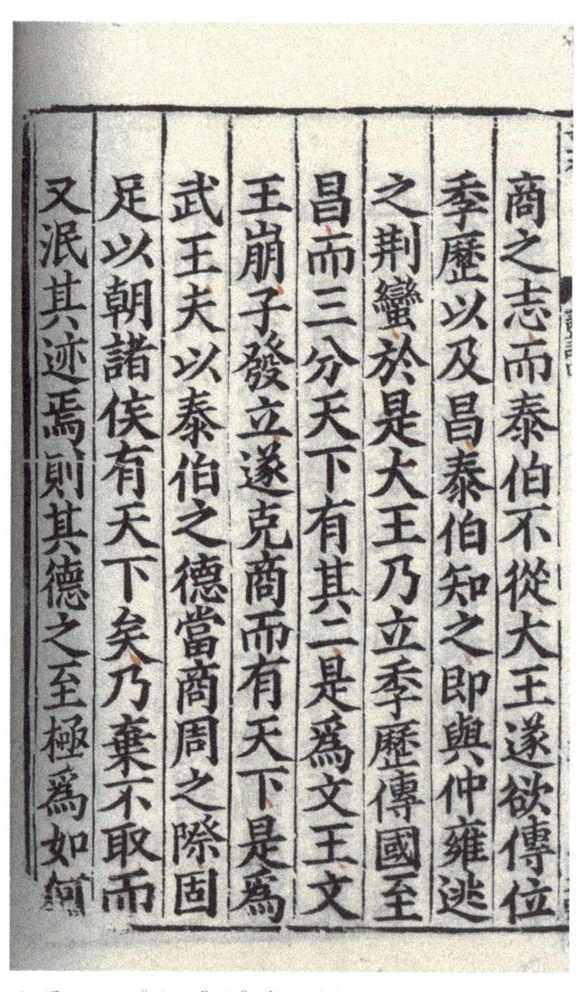
商之志而泰伯不從大王遂欲傳位季歷以及昌泰伯知之即與仲雍逃之荆蠻於是大王乃立季歷傳國至昌而三分天下有其二是爲文王文王崩子發立遂克商而有天下是爲武王夫以泰伯之德當商周之際固足以朝諸侯有天下矣乃棄不取而又泯其迹焉則其德之至極爲如何

◎ 图五六 《论语集注》卷四刘大明刻

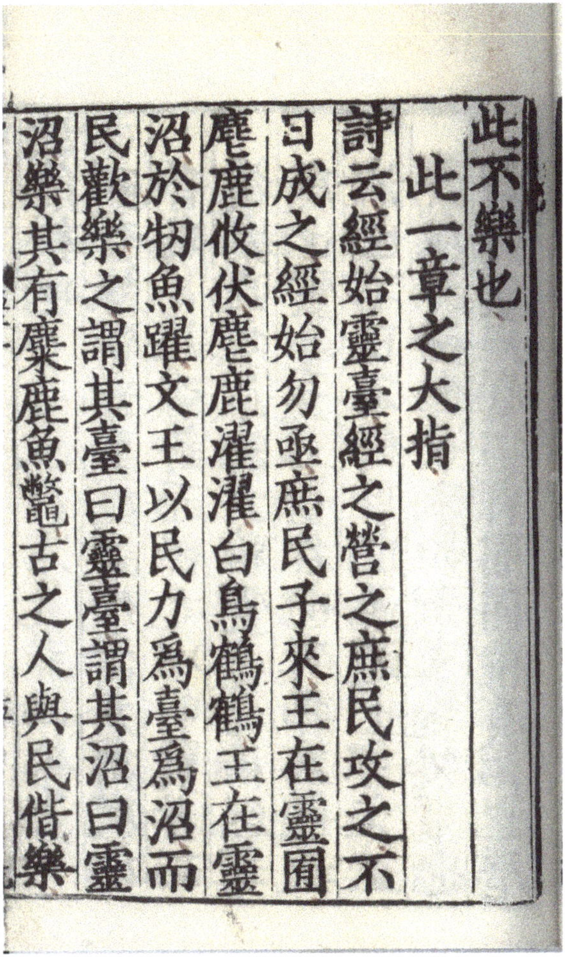

此不樂也
　此一章之大指
詩云經始靈臺經之營之庶民攻之不
日成之經始勿亟庶民子來王在靈囿
麀鹿攸伏麀鹿濯濯白鳥鶴鶴王在靈
沼於牣魚躍文王以民力爲臺爲沼而
民歡樂之謂其臺曰靈臺謂其沼曰靈
沼樂其有麋鹿魚鼈古之人與民偕樂

◎ 图五七　《孟子集注》卷一字体

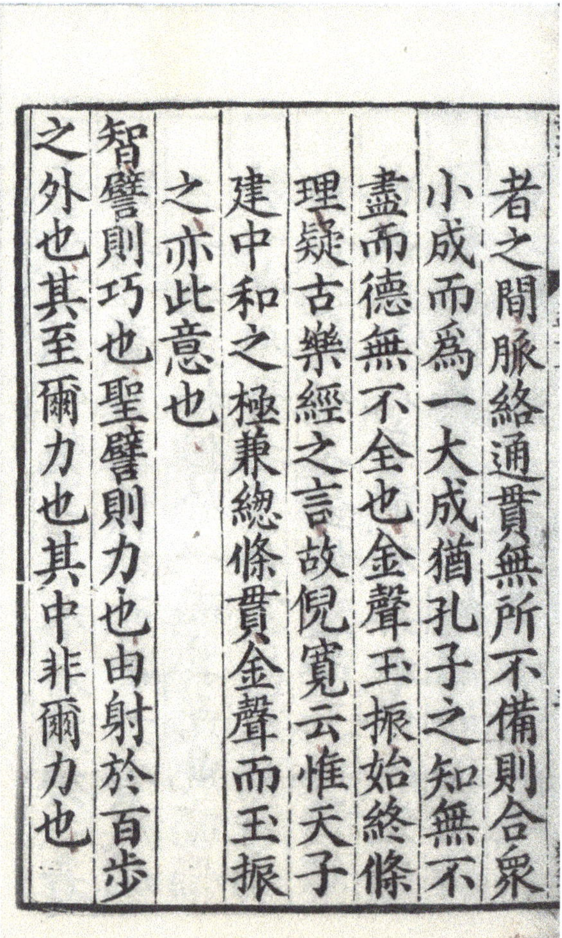

者之間脈絡通貫無所不備則合衆
小成而爲一大成猶孔子之知無不
盡而德無不全也金聲玉振始終條
理疑古樂經之言故倪寬云惟天子
建中和之極兼總條貫金聲而玉振
之亦此意也
智譬則巧也聖譬則力也由射於百步
之外也其至爾力也其中非爾力也

◎ 图五八 《孟子集注》卷十刘大亨刻

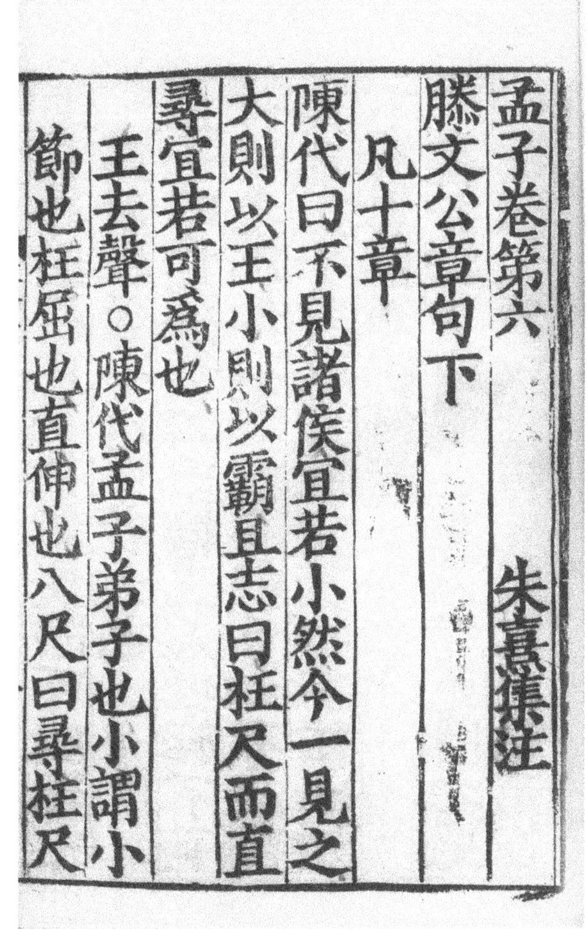

孟子卷第六　朱熹集注

滕文公章句下

凡十章

陳代曰不見諸侯宜若小然今一見之大則以王小則以霸且志曰枉尺而直尋宜若可爲也

王去聲○陳代孟子弟子也小謂小節也枉屈也直伸也八尺曰尋枉尺

◎ 图五九　《孟子集注》卷六之一

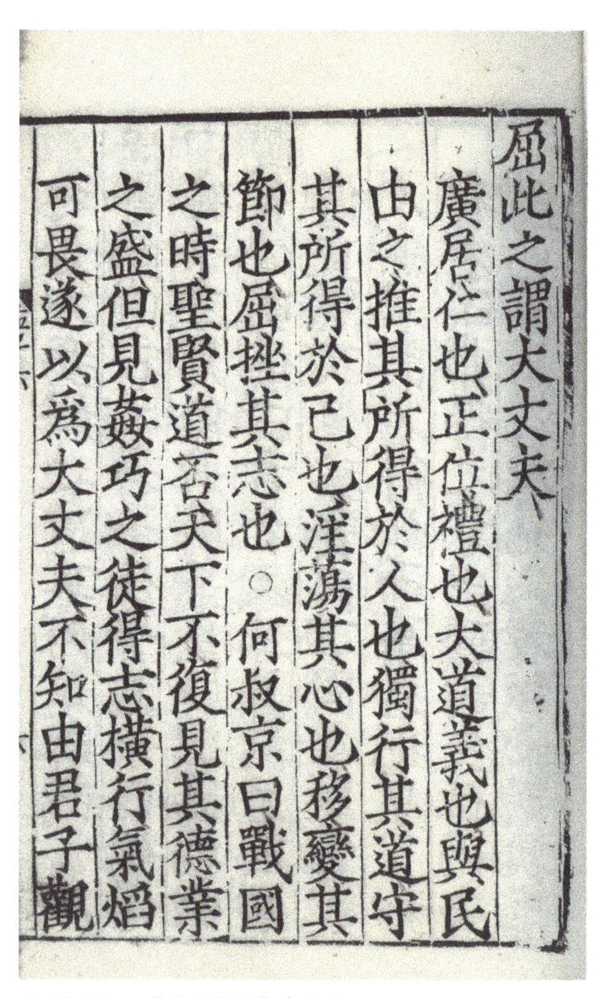

屈此之謂大丈夫
廣居仁也正位禮也大道義也與民
由之推其所得於人也獨行其道守
其所得於己也淫蕩其心也移變其
節也屈挫其志也○何叔京曰戰國
之時聖賢道否天下不復見其德業
之盛但見姦巧之徒得志橫行氣焰
可畏遂以爲大丈夫不知由君子觀

◎ 图六〇　《孟子集注》卷六之二

刻工似乎不大在意点画细节的修饰与雕琢，下刀直切，淳朴、自然、爽快。有些笔画的转折施以圆转，劲如屈铁。另外，该卷第六叶（图六〇）风格尤为特别，刀法与建刻本相似，笔画略细，筋骨毕现；结字宽博，体势生动。

《大学章句》和《中庸章句》，其书法风格则多取法于颜真卿《多宝塔碑》。字口清晰，点画劲健，结构精密、严整。这两部书的刻工有：俞寅、骆正、梅兴、杨思成、陈大用、刘处仁、罗义、吕彭年等。

刻工俞寅在这两部书中刻板数量最多，其所刻字形方正严整，结构精密。横画斜切起笔中间略细并微微隆起，使横画略呈弧形，收笔时顿笔明显，或为三角状、或为向右下垂的长点。横画末端这种向右下垂的长点的写法，源于颜真卿的《多宝塔碑》，只是俞寅将其刻为了长方形，《多宝塔碑》则比较圆润。竖和撇，均左上起笔呈方形，然后向右下顿笔，再提笔向下行笔。竖画的起笔处形成了一个很明显的方点。俞寅的这种处理方式，与横画结尾的处理方式是一样的。竖画起笔的这种写法，源自柳公权的《玄秘塔碑》，俞寅的处理方式则较为夸张。横折转弯处均以方折为主，并形成了较明显的耸肩状。俞寅刀法精准、爽利，笔画刀味较浓，柔中带刚。

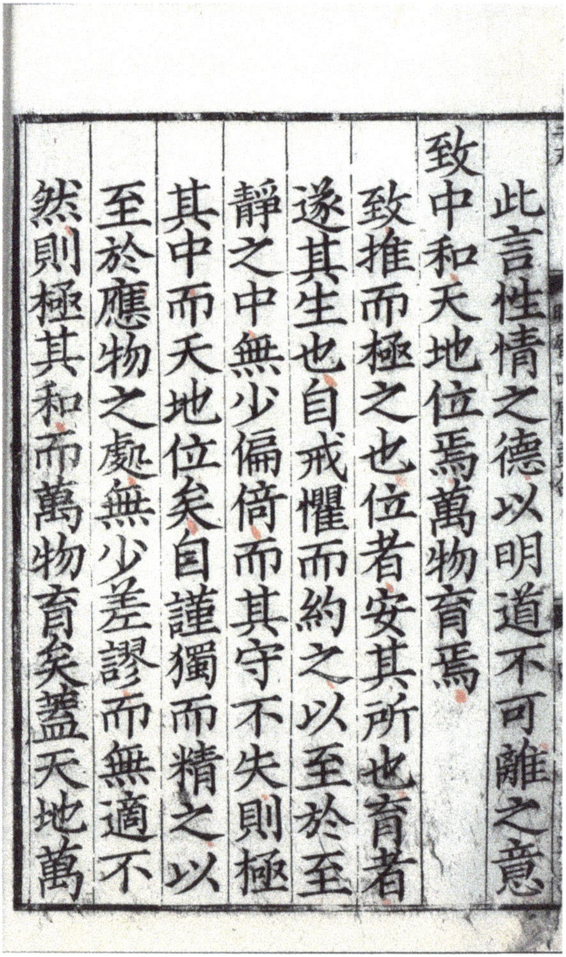

此言性情之德以明道不可離之意
致中和天地位焉萬物育焉
致推而極之也位者安其所也育者
遂其生也自戒懼而約之以至於至
靜之中無少偏倚而其守不失則極
其中而天地位矣自謹獨而精之以
至於應物之處無少差謬而無適不
然則極其和而萬物育矣蓋天地萬

◎ 图六一　《中庸章句》王日新刻

刻工骆正在刀法上就较为简略一些，如在刻竖画起笔时，大都是一刀斜切，形成从左上向右下的斜线。当然，这种刻法，减弱了线条的厚度。

从字形上来看，《中庸章句》的一些字形略扁。仅以《中庸章句》第四叶为例（图六一），此叶为王日新所刻，字形呈扁方，所有横画左低右昂，横画和竖画粗细基本一致，刀法圆润，刀痕亦不明显，书法温妍秀雅，风格与其他刻工差异较大。王日新在本书中共镌刻了十版，书法风格、刀法特征完全一致。

另外，《论语集注》卷八第三十至三十三叶、卷九第一至第六叶，《孟子集注》卷八第四、第八、第十四叶均为手书抄配，字体精美，书法风格与原刻一致。但何时、何人抄补，均不得而知。

此本《四书章句集注》经过两任官员、历经三十五年刊刻而成。其雕版风格的多样性，从一个侧面反映了当时底层社会书法艺术的趣尚。从这个角度来讲，此书有着很高的艺术价值和史料价值。此珍贵之古刻，传至今日，又历经了八百余年，然楮墨完好，能不宝诸?

宋周必大刻
《欧阳文忠公集》

宋周必大刻《欧阳文忠公集》

中国国家图书馆藏欧阳修撰《欧阳文忠公集》一百五十三卷，附录五卷，南宋庆元二年 (1196) 周必大刻于吉州（今江西吉安），世称“吉州本欧集”。欧阳修（1007—1072），字永叔，自号醉翁，晚号六一居士，吉州庐陵永丰（今江西省吉安市永丰县）人，北宋著名的政治家、文学家、史学家，官至枢密副使，参知政事，去世后累赠太师、楚国公，谥号“文忠”，故世称欧阳文忠公。欧阳修是北宋文坛的领袖、“唐宋八大家”之一。

欧阳修也是一位书法家，虽然书

[illegible]矢穿腸怒吼震林丘瓦落兒墮床已死
不敢近目睛射餘光虎勇(猛一作)恃其外爪
牙利鉤鎧人形雖羸弱智巧(巧一作智)乃中藏
恃外可摧折藏中難測量英心多決烈自

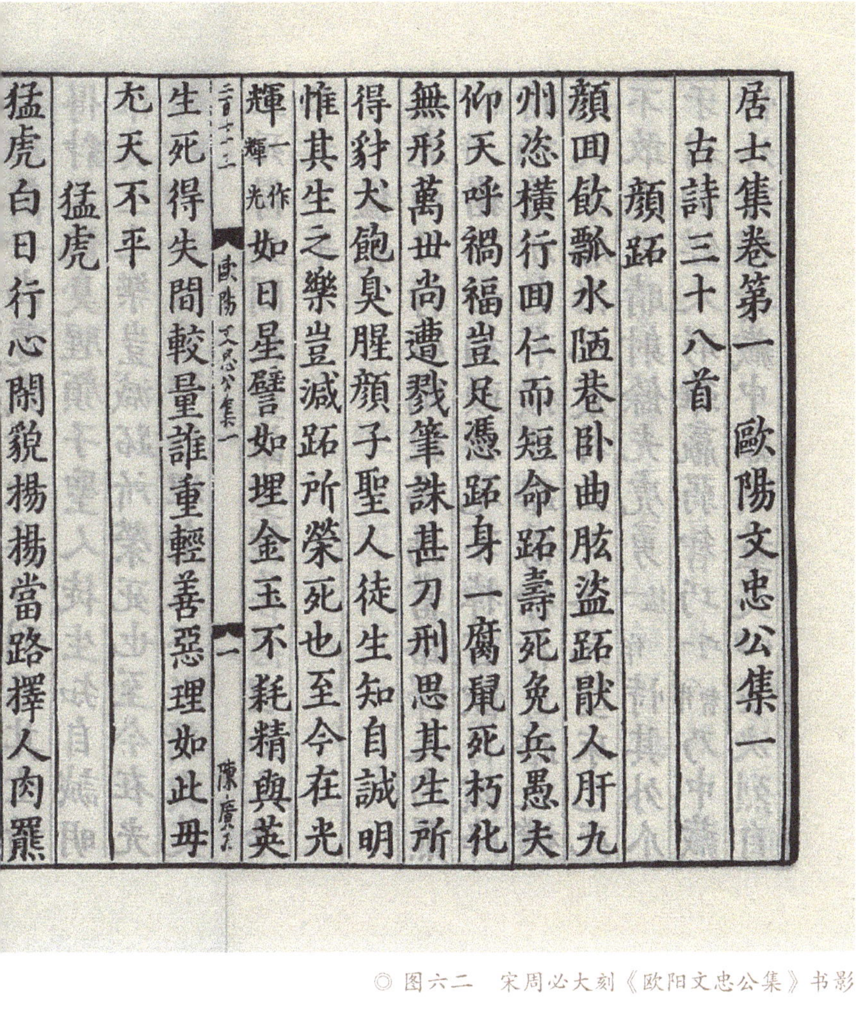

居士集卷第一　歐陽文忠公集一

古詩三十八首

顏跖

顏回飲瓢水陋巷卧曲肱盜跖猒人肝九州恣横行回仁而短命跖壽死免兵愚夫仰天呼禍福豈足憑跖身一腐鼠死朽化無形萬世尚遺戮筆誅甚刀刑思其生所得豺犬飽臭腥顏子聖人徒生知自誠明惟其生之樂豈減跖所榮死也至今在光輝一作輝光如日星譬如埋金玉不耗精與英

二百十三　歐陽文忠公集一　一　陳廣之

生死得失間較量誰重輕善惡理如此毋尤天不平

猛虎

猛虎白日行心閑貌揚揚當路擇人肉羆

◎ 图六二　宋周必大刻《欧阳文忠公集》书影

名为道德文章所掩，但其作品亦别有一番风致。苏轼称欧阳修的书法“笔势险劲，字体新丽”，又云：“公用尖笔干墨作方阔字，神采秀发，膏润无穷，后人观之，如见其清眸丰颊进趋晔如也。”朱熹云：“欧阳公作字如其为人，外若优游，中实刚劲。”赵孟頫云：“欧阳公书，居然见文章之气。”[①]我们从以上的评论中，可以领略欧阳修书法的风骨神韵和满纸充盈的学问文章之气，可谓“书如其人”。欧阳修对书法艺术有着很深的感悟，其书论文字不多，散见于书札、题跋、诗歌和《集古录跋尾》中，都收录在了周必大刻的《欧阳文忠公集》里。

欧阳修自幼酷爱书法，他说：“自少所喜事多矣，中年已来渐以废去，

至於勝廣劉項之禍死者十八九天下蕭
然洪水之患蓋不至此也方秦之未得志
也使復有一孟子則申韓爲空言作於其
心害於其事作於其事害於其政者必不

① 参见马宗霍：《书林藻鉴》卷九，文物出版社，1984 年，第 123 页。

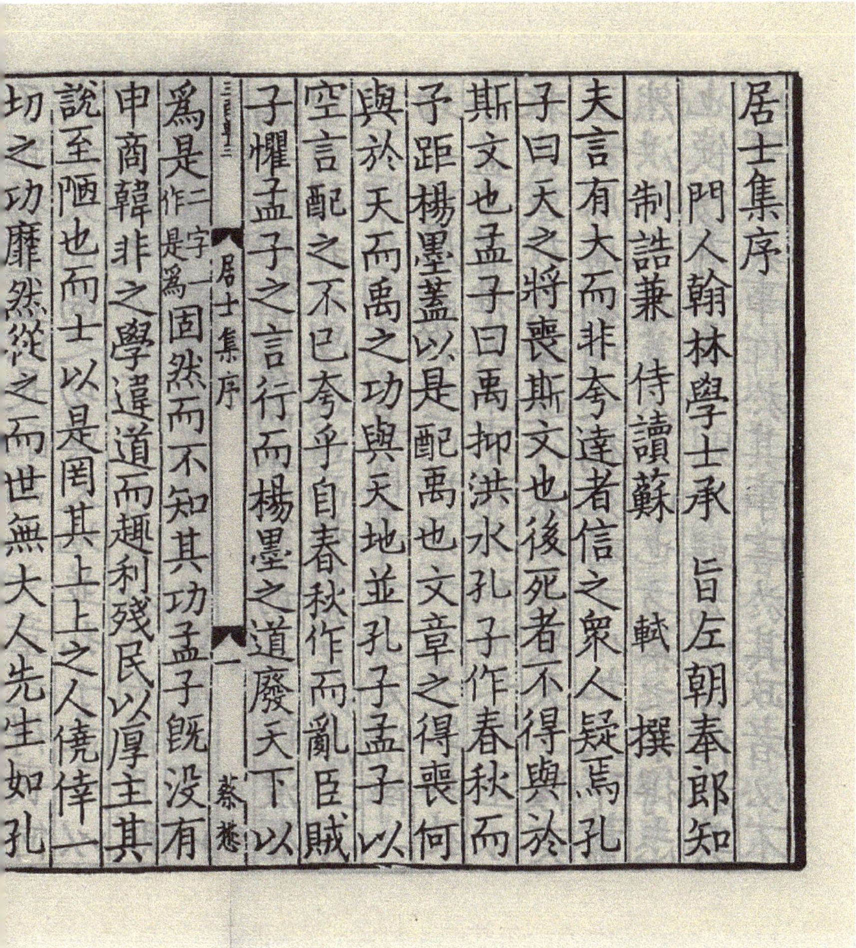

居士集序

門人翰林學士承　旨左朝奉郎知

制誥兼　侍讀蘇　軾　撰

夫言有大而非夸達者信之衆人疑焉孔子曰天之將喪斯文也後死者不得與於斯文也孟子曰禹抑洪水孔子作春秋而子距楊墨蓋以是配禹也文章之得喪何與於天而禹之功與天地並孔子孟子以空言配之不已夸乎自春秋作而亂臣賊子懼孟子之言行而楊墨之道廢天下以爲是（二字一作是爲）固然而不知其功孟子既沒有申商韓非之學違道而趣利殘民以厚主其說至陋也而士以是罔其上上之人僥倖一切之功靡然從之而世無大人先生如孔

居士集序　一　蔡巷

◎ 图六三　《居士集》序第一叶

或厌而不为，或好之未厌，力有不能而止者。其愈久益深而尤不厌者，书也。”（《试笔》）[①] 欧阳修的书法理念也与前人有着很大的不同，他提出了“学书为乐”的观点：“苏子美尝言，明窗净几，笔砚纸墨皆极精良，亦自是人生一乐。然能得此乐者甚稀，其不为外物移其好者，又特稀也。余晚知此趣，恨字体不工，不能到古人佳处，若以为乐，则自是有余。”（《试笔》）[②]（图六四）又云：“每书字，尝自嫌其不佳，而见者或称其可取。尝有初不自喜，隔数日视之，颇若稍可爱者。然此初欲寓其心以销日，何用较其工拙，而区区于此，遂成一役之劳，岂非人心蔽于好胜邪？”（《试

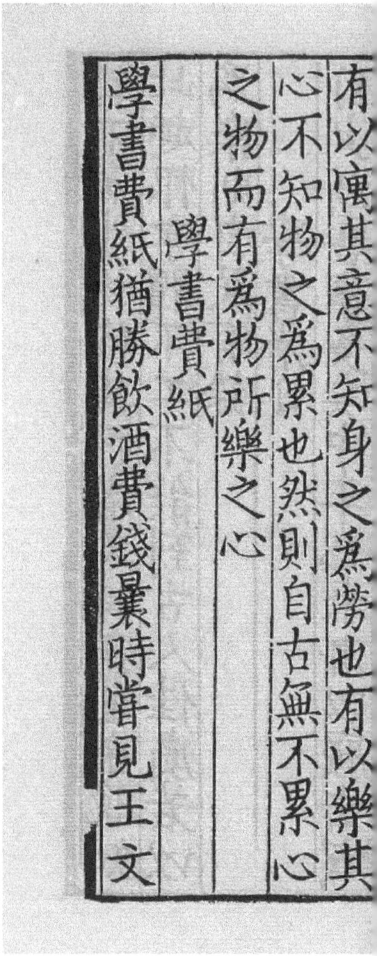

① 参见《欧阳文忠公集》卷一百三十，“学书销日”条。

② 参见《欧阳文忠公集》卷一百三十，“学书为乐”条。

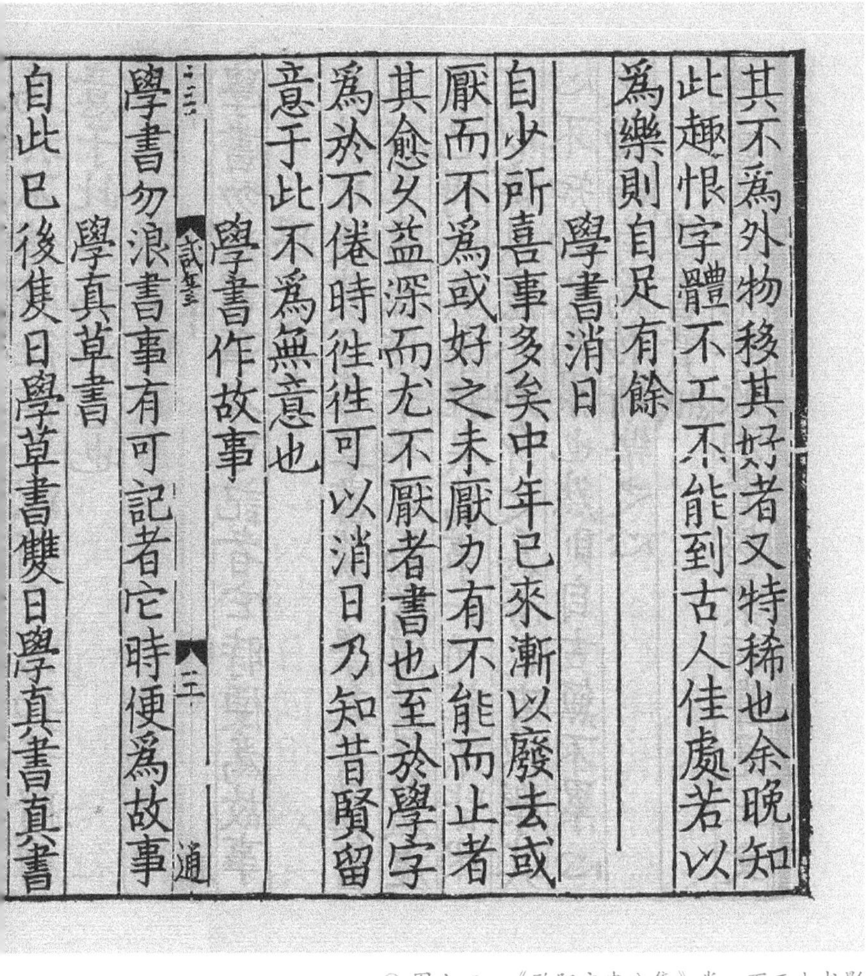

其不爲外物移其好者又特稀也余晚知此趣恨字體不工不能到古人佳處若以爲樂則自足有餘

學書消日

自少所喜事多矣中年已來漸以廢去或厭而不爲或好之未厭力有不能而止者其愈久益深而尤不厭者書也至於學字爲於不倦時往往可以消日乃知昔賢留意于此不爲無意也

學書作故事

學書勿浪書事有可記者它時便爲故事

學真草書

自此已後隻日學草書雙日學真書真書

◎ 图六四 《欧阳文忠公集》卷一百三十书影

笔》)[①]“所以寓心而销昼暑者，惟据案作字，殊不为劳。当其挥翰若飞，手不能止，虽惊雷疾霆、雨雹交下，有不暇顾也。古人流爱，信有之矣。字未至于工，尚已如此。使其乐之不厌，未有不至于工者。使其遂至于工，可以乐而不厌。不必取悦当时之人、垂名于后世，要于自适而已。”(《笔说》)[②]“明窗净几，笔砚精良”，这种淡泊、悠游、自适的书斋生活情调，宦海沉浮的欧阳修在晚年方悟得其乐趣。这种乐趣超脱了世俗的功名利禄，书法艺术亦是如此。欧阳修认为，书法的意义在于其创作过程中所带来的快乐。写字是为了“寓其心以销日”，因此不必“较其工拙”，“不必取悦当时之人、垂名于后世，要于自适而已”。

周必大(1126—1204)，字子充，一字洪道，号平园老叟。吉州庐陵(今江西省吉安县永和镇)人，南宋政治家、文学家。南宋高宗绍兴二十一年(1151)进士。绍兴二十七年(1157)举博学宏词科。官至吏部尚书、枢密使、左丞相，嘉泰四年(1204)在庐陵逝世，享年七十九岁，赠太师，谥“文忠”。

周必大与欧阳修同为吉州人，为欧阳修编刻《欧阳文忠公集》，一是出于对欧阳修道德文章的尊崇，“欧阳公道德

① 参见《欧阳文忠公集》卷一百三十，“学书工拙”条。
② 参见《欧阳文忠公集》卷一百二十九，“夏日学书说”条。

文章，百世之师表也”（《总跋自刻六一帖》）；二是“既以补乡邦之阙，亦使学者据旧鉴新，思公所以增损移易，则虽与公生不同时，殆将如升堂避席，亲承指授”“于是遍搜旧本，傍采先贤文集，与乡贡进士曾三异等互加编校，起绍熙辛亥（1191）春，迄庆元丙辰（1196）夏”（周必大跋），周必大用了五年的时间，完成了《欧阳文忠公集》的编校。“七百余年之古刻、三千余叶之巨编，世传欧公全集当以此本为最矣。”①

吉州本《欧阳文忠公集》一百五十三卷，卷首为《欧阳文忠公集总目》，后依次为《居士集》五十卷、《外集》二十五卷、《易童子问》三卷、《外制集》三卷、《内制集》八卷、《表奏书启四六集》七卷、《奏议集》十八卷、《杂著述》十九卷、《集古录跋尾》十卷、《书简》十卷，另有《附录》五卷，《附录》后有周必大跋。此本周必大所刻存一百三十四卷，另二十四卷配明抄本。其版框高二十一点五厘米，宽十五点四厘米，每半叶十行，行十六字，白口，左右双边，黑顺鱼尾，版心上记字数，下镌叶码和刻工姓名。

吉州本《欧阳文忠公集》的字体在宋刻本中有着独特的

① 傅增湘：《藏园群书经眼录》，中华书局，1983 年，第 1149 页。

风格特征，故版本学家们均以此集作为江西刻书风格的代表。宿白在《南宋的雕版印刷》一文中说："南宋中期以后，江西雕印重心逐步移向吉州。所谓版式宽敞、字体自然的江西刻风，也在吉州本上表现得最清楚。这个新的雕版风格的主要特征，在于追求书法的逼真。"李清志也认为："江南西路的刻版，大致而言，版式宽敞，字体自然，尤其是吉州刻本最为显著。"①

从版刻字体上来看，此吉州本《欧阳文忠公集》的书法风格首尾并不一致，呈多样化的特征。全集首为《居士集》(图六二)。周必大将《居士集》置于全集之首，是因为《居士集》为欧阳修手订之本，"惟《居士集》经公抉择，篇目素定"(周必大跋)；南宋陈振孙《直斋书录解题》亦云："《居士集》，欧公手所定也。"故以往版本学家们在介绍此吉州本《欧阳文忠公集》的版刻特征时，均以《居士集》为例。如赵万里《中国版刻图录》选用的就是《居士集》卷一第一叶的书影；宿白《唐宋时期的雕版印刷》、李清志《古书版本鉴定研究》、李致忠《中国出版通史·宋辽西夏金元卷》，都采用这一叶书影作图例。

① 李清志：《古书版本鉴定研究》，文史哲出版社，1986年，第57页。

《居士集》[①]的字体与《外集》《易童子问》《外制集》《内制集》等其他各集风格迥然不同。另外，《居士集》卷前的《序》（苏轼撰）（图六三）、《目录》，以及各卷卷后的校勘记，其风格也与《居士集》正文不同，而与其他各集风格一致，其中的刻工如蔡懋、胡元、懋、武、宁、景、振等也见于其他各集。由此可以看出，这部分内容与《外集》《易童子问》等其他各集属于同一版本系统。

《居士集》字体追摹颜鲁公，颜体是该集的基本特征。从版式章法上来看，开版宏朗，字与字之间间距较大，字字独立，但行气饱满贯通，章法完整统一。刻工行刀细腻、圆润，笔势变化自然，如同手写。略显长方的字形，于浑厚中见秀润。笔画横细竖粗，横画收笔处顿笔明显，有的呈三角状；笔画的转折处也较为圆润，“与字画斩方、神气肃穆之浙本，笔势生动、但棱角峻厉、充满木趣刀味之建本，以及字体略扁、撇捺遒长、笔画起伏如微波之蜀本，确是迥然不同，而显得自然多了”。[②]

由于刻工们刀法的差异和对书工墨稿的感受不同，《居士集》的字体风格也并不完全一致。第一种是字势稳健，

①《居士集》五十卷，其中卷三至卷六、卷三十八至卷四十四、卷四十五第一至第九叶，共计十一卷又九叶为明人抄配。本文所述该集之字体风格，是指残存之三十九卷原刻本。

② 李清志：《古书版本鉴定研究》，文史哲出版社，1986年，第57页。

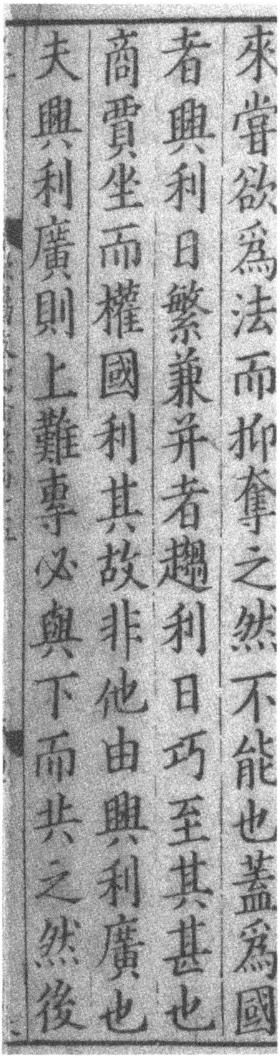

來嘗欲爲法而抑奪之然不能也蓋爲國
者興利日繁兼并者趨利日巧至其甚也
商賈坐而權國利其故非他由興利廣也
夫興利廣則上難專必與下而共之然後

◎ 图六五

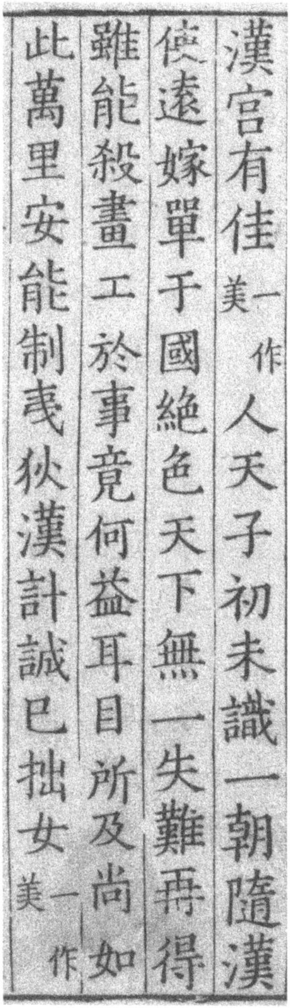

漢宮有佳一作美人天子初未識一朝隨漢
使遠嫁單于國絶色天下無一失難再得
雖能殺畫工於事竟何益耳目所及尚如
此萬里安能制夷狄漢計誠已拙女一作美

◎ 图六六

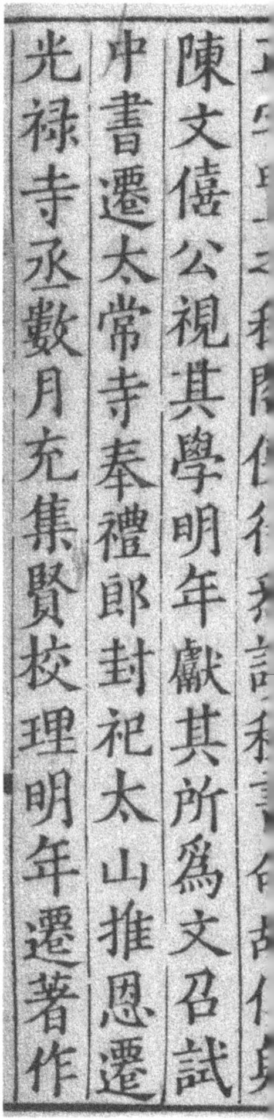

陳文僖公視其學明年獻其所爲文召試
中書遷太常寺奉禮郎封祀太山推恩遷
光禄寺丞數月充集賢校理明年遷著作

◎ 图六七

時所考進士或至宰相居大官故其視時
人常以先生長者自處論事尤多發憤其
在許昌繼遷之孫復以河西叛朝廷出師
西方而公已老不復言兵矣享年七十有

◎ 图六八

浑厚饱满，刀法圆润，点画变化丰富，这是《居士集》的基本风格特征（图六二）；第二种是字形修长，风格清秀，主要是字形的变化（图六五）；第三种是字形方正，奏刀爽利，笔画挺直，刻工陈道擅长此刀法（图六六）；第四种是体形修长，笔画以方为主，尤其是转折处，方笔直切，见棱见角，风格近于欧体（图六七）；第五种是横画尖毫露锋起笔，结尾处收笔圆润，刻工使刀如写，点画灵动，风格刚柔相济（图六八）。通过以上简要的分析，我们比较直观地了解到，刻工们在面对同一位书工的墨稿时，他们有不同的奏刀习惯、刀法特征，以及对字体结构和点画形态习惯性的表现方式。这对判定一部书的刊刻时间和地点，都有着非常重要的意义。

《居士集》的刻工有陈广之、蓝

广、蓝文、李奇、刘忠、叶新、陈弁、陈楫、陈道、陈四、念二、丁受、梅、陈、新、奇、弁、楫、蓝、亘、王、道、忠、四、丁等，这些刻工均不见于其他各集。从书法风格到刻工，《居士集》与其他各集有着很大的差别。由此，我们可以断定，《居士集》是另一个版本系统。傅增湘说：“《居士集》《四六集》《河东奏草》字仿平原，与余藏内阁旧藏本同，为益公初刊本。余卷亦疏宕古隽，别为一体。”[①]《表奏书启四六集》和《河东奉使奏草》（图六九）部分内容字形仿佛《居士集》，但镌刻风格（尤其是在笔画的处理上）与《居士集》还是有着较为明显的不同，然亦属精美之作。

《文集总目》略残，缺损之字均已描摹补齐。原刻字体方正、工整，

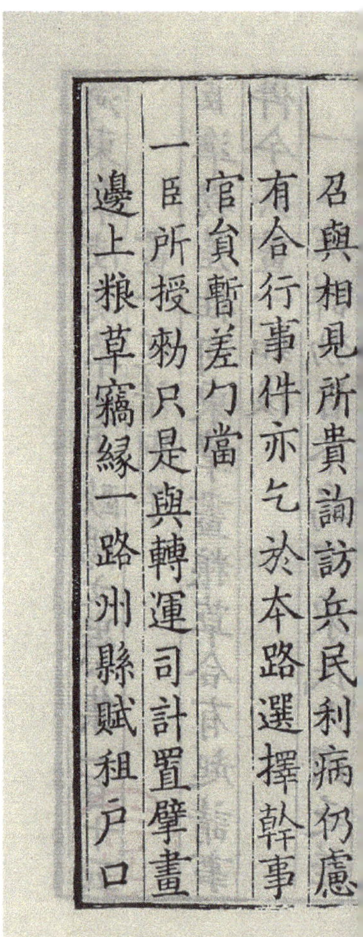
召與相見所貴詢訪兵民利病仍慮
有合行事件亦乞於本路選擇幹事
官貟暫差勾當
一臣所授勑只是與轉運司計置壁畫
邊上粮草竊緣一路州縣賦租户口

① 傅增湘：《藏园群书经眼录》，中华书局，1983 年，第 1149 页。

河東奉使奏草卷上　歐陽文忠公集一百十五

畫一起請劄子

臣準勑差往河東擘畫粮草合有起請事件今具畫一如後

一臣伏詳勑旨本為河東民力困乏差臣擘畫利害竊慮州縣未體朝廷之意因而搔擾臣今欲乞特降聖旨指揮下河東路候臣到彼不得令官吏及諸色人出城迎送及不得作樂筵席

一臣準勑計置擘畫河東一路經久利

河東奉使奏草　一　一

害竊緣河東地分闊遠山川險絕竊慮僻遠之處不能徧至又緣本路文武官吏不少內有必諳彼處民情事

◎ 图六九　《河东奉使奏草》第一叶

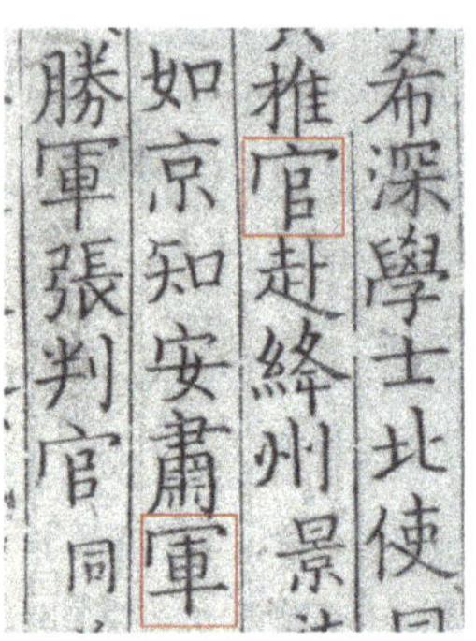
希深學士北使
推官赴絳州景
如京知安肅軍
勝軍張判官同

◎ 图七〇

笔画粗细一致。横画平直，结尾处没有明显的顿笔。竖画和撇画在书写时，均向左上方尖毫露锋起笔，呈较明显的尖角状，与福建刻本刀法相似。另外，“第”字横折钩的写法较为特别。

《居士集序》和《居士集目录》其字体则是另一番趣味，可谓疏宕古隽，姿态万千，此为《居士集》以外其他各集的基本风格。字体呈方形略扁，上大下小；四周舒展而中宫略紧，主笔横画略长，并接近左右栏线。字形的变化较为随意。另外，带有宝盖

語知境靜春光藹欲布山色寒尚映獨收
萬慮心於此一枰競
代贈田文初
感君一顧重千金贈君白壁爲妾心舟中
繡被薰香夜春雪江頭三尺深西陵長官
頭已白憔悴窮愁一作顏媿相識手持玉斝
唱陽春江上梅花落如積津亭送別君未
悲夢蘭酒解始相思須知巫峽聞猿處不
似荊江夜雪時
惠泉亭一本序云某啓伏覩知軍學士丈丈新理惠泉謹爲拙詩十六句伏惟采覽

翠壁刻孱顏煙霞跬步間使君能愛客朝
夕弄山泉春巖雨過春流長置酒來聽山
溜響鑑中樓閣俯清池雪裏峯巒開曉幌

◎ 图七一 《外集》卷二第九叶

头的字如“官”“军”等，宝盖写得较大，而中间部位较瘦小；尤其是宝盖左边的“点”，较为夸张地写成了短竖，有头重身轻之感（图七〇）。除了“疏宕古隽”的风格，吉州本《欧阳文忠公集》另一种字体特点是字形严整，结构严谨，笔画精确，犹如晋唐小楷。如《外集》卷二第九叶（图七一）、卷三第三叶（图七二）等，为刻工“铣”和“锡”镌刻，可谓铭心绝品。

吉州本《欧阳文忠公集》大部分字体的一个明显特点，就是笔画较为纤细、尖利、匀净。然亦有点画厚重、遒劲有力者，如《外集》卷二十四第十八叶，其书法如北魏墓志，字形、笔法与其他各集风格迥异（图七三）。

吉州本《欧阳文忠公集》，三千余叶之巨编，有五十余名刻工参与刊刻。由于是“随得随刻”（周必大跋），

言妄權豪不自避斧質誠爲當蒼皇得一
邑奔走踰千嶂楚峽聽猿鳴荆江畏蛟浪
蠻方異時俗景物殊氣象綠髮變風霜丹
顏侵疾痒常憂鵩鳥竄幸免江魚葬今茲
荷寬宥遷徙來漢上憔悴戴囚冠驅馳嗟

藉野卉青紅春自華風餘落蘂飛面旋日
暖山鳥鳴交加貪追時俗翫歲月不覺萬
里留天涯今來寂寞西岡口秋盡不見東
籬花市亭揷旗鬭新酒十千得斗不可賖
材非世用自當去一舸聱牙揮釣車君能
先往勿自滯行矣春洲生荻芽

答梅聖俞寺丞見寄

憶昔識君初我少君方壯風期一相許意
氣曾誰讓交遊盛京洛罇俎陪丞相騄驥
日相追鸞凰志高颺詞章盡崔蔡論議皆

歆向文會忝予盟詩壇推子將談精鋒愈
出飲劇歡無量賈勇爲無前餘光誰敢望
玆年五六歲人事堪悽愴南北頓睽乖相

◎ 图七二　《外集》卷三第三叶

其书工和刻工会有很大的变动。这就造成了本书艺术风格的丰富性与多样性。限于能力，本文的叙述亦不详尽。

我们习惯于用一个词或一句话概括一个朝代或一个地区的版刻字体风格。如说宋版书“浙刻似欧”“闽刻近柳”“蜀刻类颜”等，这主要是为了叙述的方便。不妥之处，是以偏概全，忽视了古籍版刻字体艺术风格的多样性与丰富性。

在隱桓之世力行純軌至定哀之後不弃
芳猷蓋固蔕以惟至以治人而可求彼雖
發歎於詩人改王室而作離黍何俟興言
於聲子見易象之與春秋蓋夫與治同道
罔不興安上治民莫如禮禮與邦化則莫

周之舊儀曲阜襲封率奉先規之盛鎬京
遺法限爲至治之基説者謂惟王建邦裂
疆分土禀正朔者歸於元后尊制度者合
於前古惟周之典世爲大則惟魯之盛法
爲常矩及夫姬道衰逆邦侯侵侮雖周公
之才之美不行於時文王之德之純盡在
於魯述夫禮與時至教由治隆翊奉孺子
位爲上公千乘之國仰有遺法數世之後
敢弃元功雖治邦治刑尚可宏宣於祖業
而教典教法■能固本於民風大德純純

外集二十四　十八

兮世不敢忘至文微微兮流而自遠守茂
典之惟永遵■休而可損一變于道聖人
之後所以昌百世可知先王之法以爲本

◎图七三　《外集》卷二十四第十八叶

宋刻本
《论语集说》

宋刻本《论语集说》

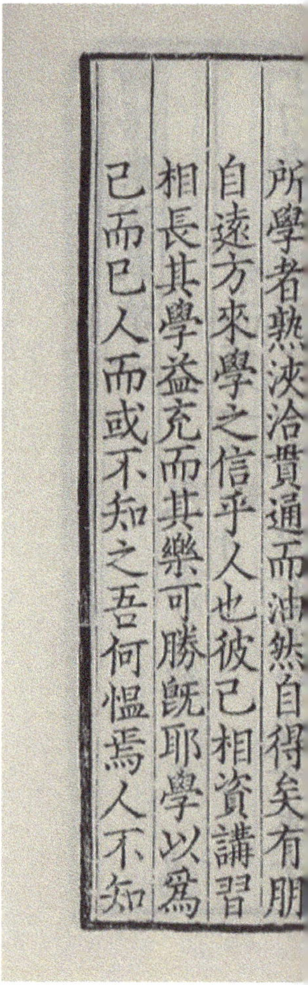

中国国家图书馆藏《论语集说》十卷，南宋蔡节撰，南宋淳祐六年（1246）湖州頖宫刻本。版框高二十三点九厘米、宽十五点八厘米，半叶十行，行十八字，注文小字双行同，白口，左右双边，黑顺鱼尾，上鱼尾下方有“〇”，版心上端记本叶字数，中题卷次，下镌叶码、刻工。

蔡节（生卒年不详），永嘉（今浙江温州）人。南宋淳祐六年（1246）曾任朝散郎，集英殿修撰，后知婺州、庆元等地。据谈钥《吴兴志》（嘉泰元年）记载：“蔡节，淳祐六年三月六日以朝散郎到任，集英殿修撰。

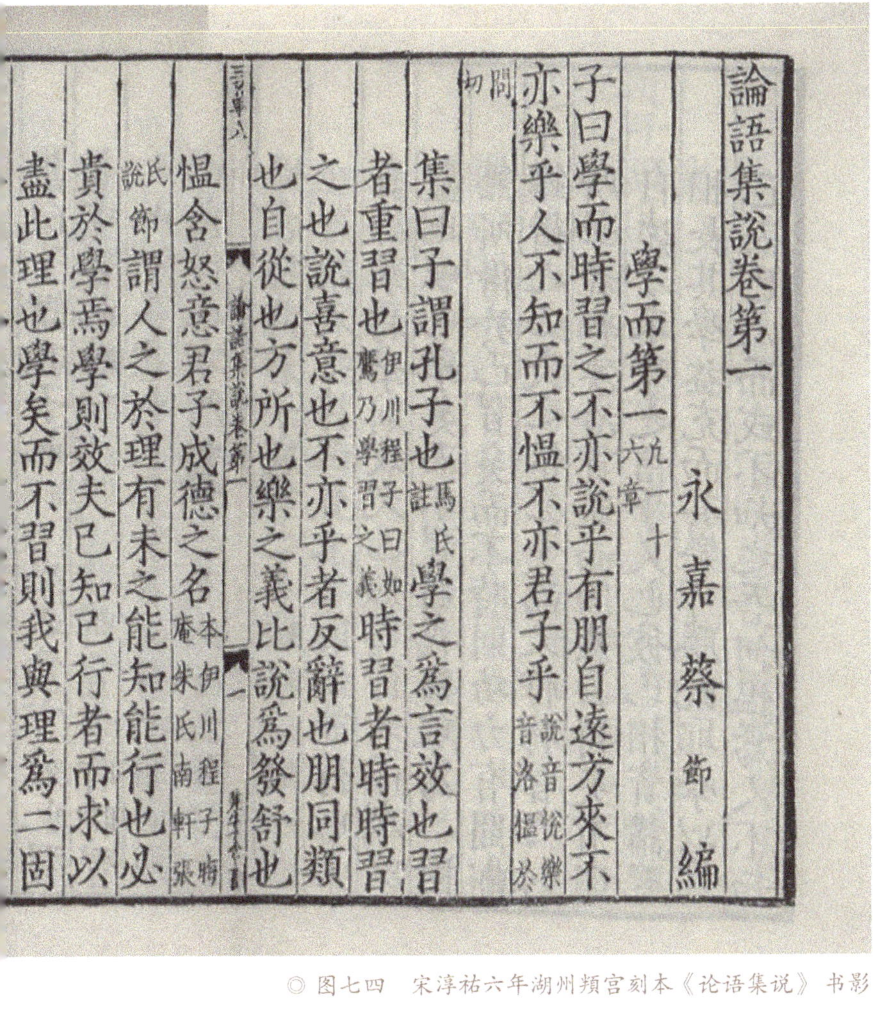

論語集説卷第一

永嘉蔡　節　編

學而第一 凡一十六章

子曰學而時習之不亦說乎有朋自遠方來不亦樂乎人不知而不慍不亦君子乎 說音悅樂音洛慍於問切

集曰子謂孔子也 馬氏註 學之爲言效也習者重習也 伊川程子曰如鷽乃學習之義 時習者時時習之也說喜意也不亦乎者反辭也朋同類也自從也方所也樂之義比說爲發舒也慍含怒意君子成德之名 本伊川程子晦庵朱氏南軒張氏說 節謂人之於理有未之能知能行也必貴於學焉學則效夫已知已行者而求以盡此理也學矣而不習則我與理爲二固

◎ 图七四　宋淳祐六年湖州頖宫刻本《论语集说》书影

至淳祐七年七月一日准省劄，仍旧职，改知婺州，已于七月初十日交割离任。”可知淳祐六年（1246）三月六日至淳祐七年（1247）七月一日这一段时间里，蔡节曾知湖州①。吴兴乃湖州治所。

《论语集说》是蔡节所作《论语》集注本。此书卷前镌有文学掾姜文龙于淳祐六年（1246）丙午手书的一篇跋文：“晦庵先生尝语门人曰：‘看《集注》熟了，更看《集义》，方始无疑。’又曰：‘不看《集义》，终是不浃洽。’永嘉蔡先生《集说》之作，自《集义》中来，本之明道、伊川二先生，参以晦庵《或问》。而于晦庵、南轩先生，尤得其骨髓。盖南轩学于五峰先生，又与晦庵相讲磨，故语说多精切。是书也，说虽博，而所会者约；文虽约，而所该者博，大有益于后学，遂请刊于湖頖。淳祐丙午冬至文学掾姜文龙

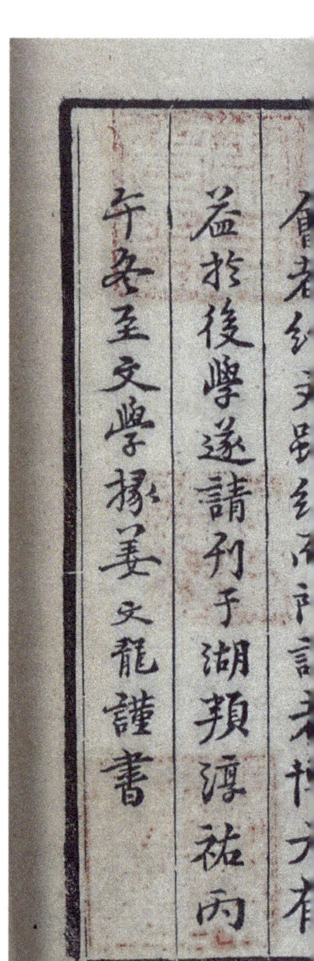
益於後學遂請刊于湖頖淳祐丙
午冬至文學掾姜文龍謹書

① 参见《吴兴志》卷十四，南林刘氏嘉业堂刊本。

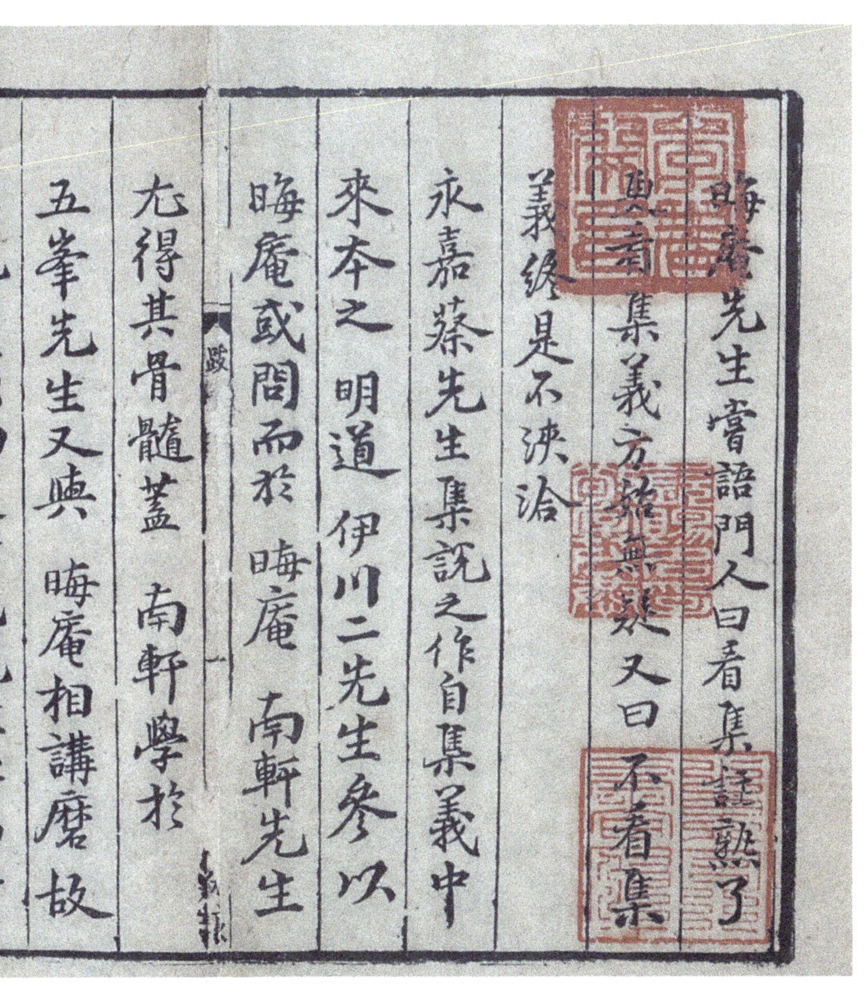
晦庵先生嘗語門人曰看集註熟了更看集義方絕無疑又曰不看集義終是不浹洽
永嘉蔡先生集説之作自集義中來本之 明道 伊川二先生參以 晦庵或問而於 晦庵 南軒先生尤得其骨髓蓋 南軒學於 五峰先生又與 晦庵相講磨故

◎ 图七五 《论语集说》姜文龙书跋

谨书（图七五）”。姜文龙觉得此书“文约义赅，有裨后学”，于是就请求蔡节同意将《论语集说》“刊于湖頖”。据李致忠先生考证，所谓“湖頖”，当为湖州頖宫（亦称泮宫）的简称。“泮宫”是古代对学校的泛称。姜文龙“请刊于湖頖”实际上是请刊于湖州州学。这篇手书跋文不仅揭示了《论语集说》一书的渊源和价值，而且是一件优秀的行书书法作品。字迹秀雅，行笔自然洒脱，颇有宋代文人手札的风韵。

湖州为吴越古邑，南宋宝庆（1225—1227）初年改为安吉州。湖州素称鱼米之乡、丝绸之府，在历史上是个经济富庶、文化发达的地区。这里自古就是明贤雅好之地。东晋六朝以来，湖州出现了众多书法与绘画大家。特别是书法，郡中卓然名家者辈出，如高闲（唐代书法家，生卒年不详）、钱选（1239—1299）、赵孟頫、吴昌硕（1844—1927）等书法大家都出生于湖州。另外，王羲之、王献之、颜真卿、苏轼、米芾等都与湖州有或多或少的交集，或旅居，或在湖州为官任职。王羲之和王献之父子都曾担任吴兴（今湖州）太守。王羲之在湖州有著名的传世作品《姨母帖》，王献之亦有《吴兴帖》拓本传世。颜真卿在唐大历七年（772）被任命为湖州刺史，第二年春到湖州任上。颜真卿在湖州有《湖州帖》《干禄字书》《乞米帖》《竹山连句诗帖》等名作传世。苏轼数次来湖州游历，并于元丰二年（1079）四月至七月任湖州知府。在湖州，苏轼写下了《墨妙亭记》和《孙莘老求墨妙亭诗》。米芾曾于北宋元祐三年（1088）到湖州小住半年，写下了著名的行书《苕溪诗帖》。历史上的湖州有着浓郁深厚的书法文化底蕴。

经济和文化的繁荣与发达，促进了湖州雕版印刷业的兴盛。自北宋以来，杭州一直是两浙地区雕版印刷的中心，有着大批技术熟练的刻字工人。湖州紧邻杭州，两地的刻工可以相互支援，交流技艺，增强了湖州地区雕版的技术力量。北宋宣和年间，密州（今山东胶州）观察史王永从（生卒年不详）辞官回家，与其弟王永锡在家乡归安（今湖州）思溪创建圆觉禅院，并出资刊刻《大藏经》。《大藏经》的刊刻始于北宋靖康元年（1126）二月旦，到南宋绍兴二年（1132）四月，历经六年雕刻完成，共五千四百八十卷，五百五十函，世称《思溪圆觉藏》，简称《思溪藏》。《思溪藏》版框高二十四点二厘米，每开六行，行十七字。字体取法颜真卿，其风格与颜体小字《麻姑坛记》《干禄字书》很接近，笔力精劲，字形方正，风格拙朴。《思溪藏》刻完后，又利用余版，刊刻了《唐书》和《五代史》。《中国版刻图录》收录了《唐书》（图七六）。赵万里说，此书刻工分为三期，董易、虞集、董昕、章中、施寔、章宇、包端、朱宥、章容、章彦、董晖、李询、徐高等二十位南宋初期浙中良工为第一期。在这第一期刻工里，有多人参与了《北小山集》《景德传灯录》和《思溪藏》的刊刻[①]。《唐书》的刊刻时间距《思溪藏》不太远，又属于同一地区、同一批刻工镌刻，但两者的字体风格却迥然不同，《唐书》的字体（特别是笔画特征）接近于欧体楷书。这对版刻字体风格的研究颇有特殊意义。

在六年左右的时间里，能够完成《思溪藏》如此宏大的雕版工程，说明当时湖州地区有着众多书法功力深厚的写版书手和大批技术优良的刻字工人。这些刻工主要是浙江人（以杭州为多），但也不排除某些刻工来自其他地区。这些刻工在完成了本地雕

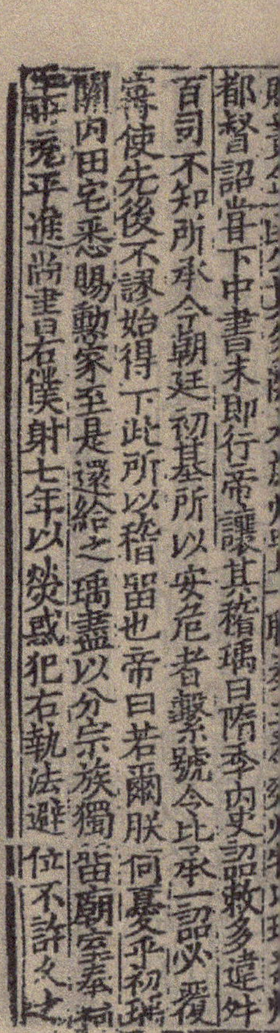
都督詔旨下中書未即行帝讓其稽瑀曰隋季內史詔敕多違舛
百司不知所承今朝廷初基所以安危者繫號令比承一詔必覆
審使先後不謬始得下此所以稽留也帝曰若爾朕何憂乎初瑀
關內田宅悉賜勳家至是還給之瑀盡以分宗族獨留廟堂奉祠
京師平進尚書右僕射七年以讒惑犯右執法避位不許久之

① 参见北京图书馆编：《中国版刻图录》，文物出版社，1961年，第18页。

蕭瑀列傳第二十六　唐書一百一

端明殿學士兼翰林侍讀學士龍圖閣學士朝請大夫尚書吏部侍郎……奉

敕撰

蕭瑀字時文後梁明帝子也九歲封新安王國除以女兄為隋晉
王妃故入長安瑀愛經術善屬文性鯁急鄙遠浮華嘗以劉孝標
辯命論詭悖不經乃著論非之以為人稟天地而生而謂之命至
吉凶禍福則繫諸人今一於命非先王所以教人者通儒柳顧言
諸葛潁歎曰是足鍼孝標膏肓矣晉王為太子授右千牛即帝位
妃為后而瑀寖親寵頻遷尚衣奉御檢校左翊衛鷹揚郎將感
末疾不呼醫曰天若假吾餘年因得為遁階矣后聞責謂曰爾亡
國後不安小官而高為怪語罪不測瑀復治疾良已拜內史侍郎
數言事忤旨稍見忌帝至鴈門為突厥所圍瑀謀曰夷俗可賀敦
與兵馬事況義成公主以帝女妻為之若走一介使鐫諭宜不戰而
解又眾商陛下已平突厥方復事遼東故怠不肯戰願下詔赦高
麗專討突厥則人自奮矣帝從之既而主詭辭謂突厥果解圍去
然帝亦素意伐遼又銜瑀以謀撓其機謂群臣曰突厥何能為瑀乘
未解時乃紿恐我遂出瑀為河池郡守部有鈔賊萬人吏不制瑀
募勇敢士擊降之悉損貲畜賜有功又擊走薛舉眾數萬高祖
入京師招之挈郡自歸授光祿大夫封宋國公拜民部尚書秦王
領右元帥攻洛陽以瑀為府司馬武德元年遷內史令帝委以樞

◎ 图七六　宋绍兴刻宋元递修本《唐书》书影

版任务后，还支援了江浙其他地区的雕版工作。据宿白先生考证，《思溪藏》完成后，湖州的这批刻工，其中一部分参加了绍兴三年（1133）绍兴府余姚县刊刻的《资治通鉴》和自绍兴九年（1139）国子监、临安府、绍兴府开始的大规模的雕版工作[①]。刻工们流动于不同的地区，通过相互交流，不断提高雕版技术，同时，也对版刻字体风格的变化产生了重要的影响。

《论语集说》刊刻精美，字体风格以颜体楷书为主，兼具柳体楷书的骨力。结字严整宽博，点画浑厚清劲。刻工们以其熟练的刊刻技艺，对书写笔意孜孜以求，使本书的字体呈现出强健、灵动的审美特征。

《论语集说》版心署名的刻工有：余良、游熙、葛楷、曹湜、钱瑜、□俞（前一字不识）、刘申发、刘申、刘[②]，单字有熙（与游熙应为同一人），葛（与葛楷应为同一人），曹、湜（与曹湜应为同一人）。这些刻工中，余良、游熙来自福建，为南宋建安刻工名匠。本书卷一第一叶版心下方镌“建安余良”，第四叶版心下方镌“建安游熙”。游熙参与过《晦庵先生文集》

① 参见宿白：《南宋的雕版印刷》，载《唐宋时期的雕版印刷》，文物出版社，1993年，第84页。

② 刘申发、刘申、刘，此三位署名者所刻内容，刀法、字法风格一致，当为同一位刻工。

《诗集传》等书的刊刻，余良则参与过《晦庵先生文集》《史记集解索引》的刊刻。

参与了本书镌刻的七名刻工，各自呈现出不同的镌刻风格。建安名匠余良和游熙，镌刻刀法带有建刻的风格特点，多取法颜真卿《多宝塔碑》，结体方正，字势略显开张，秀劲腴润。横画和竖画粗细变化不大，横画结尾处略有顿笔（图七七、图七八）。葛楷、曹湜、钱瑜（图七九、图八〇、图八一）的镌刻尤为精美，多取法《勤礼碑》，兼具柳公权《玄秘塔碑》体势，字体长方，点画遒劲凝重、浑厚饱满。尤其是曹湜，卷八整卷为他一人镌刻，刀法严谨、一丝不苟，整卷风格首尾一致，协调统一。另外，版心署名“□俞”（前一字不识）的刻工，所镌字体，结体精整、笔画匀净，风格隽秀劲健（图八二）。

刻工刘申则是另一种刀法，如卷二第二十一叶、卷三第二十九叶、卷六第二十五叶等（图八三），字体取法颜真卿《多宝塔碑》并参入柳体楷书体势，但笔画稍显纤细、轻佻，字势也偶有不连贯之处。刘申刀法表现在笔画上，一是“点”细长；二是竖画和撇起笔时皆向左上尖毫露锋起笔，呈较明显、夸张的尖角状（图八四），具有建刻刀法的特征。

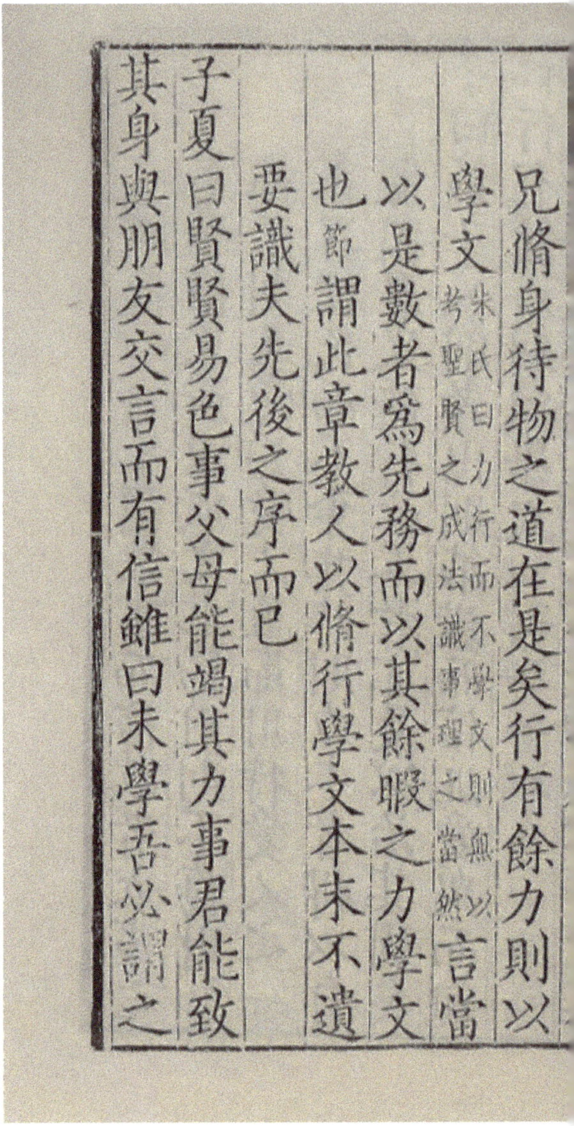

兄脩身待物之道在是矣行有餘力則以
學文朱氏曰力行而不學文則無以考聖賢之成法識事理之當然言當
以是數者爲先務而以其餘暇之力學文
也節謂此章教人以脩行學文本末不遺
要識夫先後之序而已
子夏曰賢賢易色事父母能竭其力事君能致
其身與朋友交言而有信雖曰未學吾必謂之

◎图七七　《论语集说》建安游熙刻

之時本晦菴朱氏說節謂敬事而信敬者立事之本而信又所以成之也節用則不傷財知節用則又當知愛人蓋節用特愛人之一事耳使民而不奪其時則力本者得以自盡國君果能行此五者亦足以治其國矣

子曰弟子入則孝出則弟謹而信汎愛衆而親仁行有餘力則以學文上弟字上聲下弟字去聲

集曰弟子言爲弟爲子者邢氏疏孝所以事親故言入弟所以從兄故言出平仲劉氏謹者行有常也信者言有實也汎普也衆謂衆

人親親之也仁謂仁者以用也文謂詩書

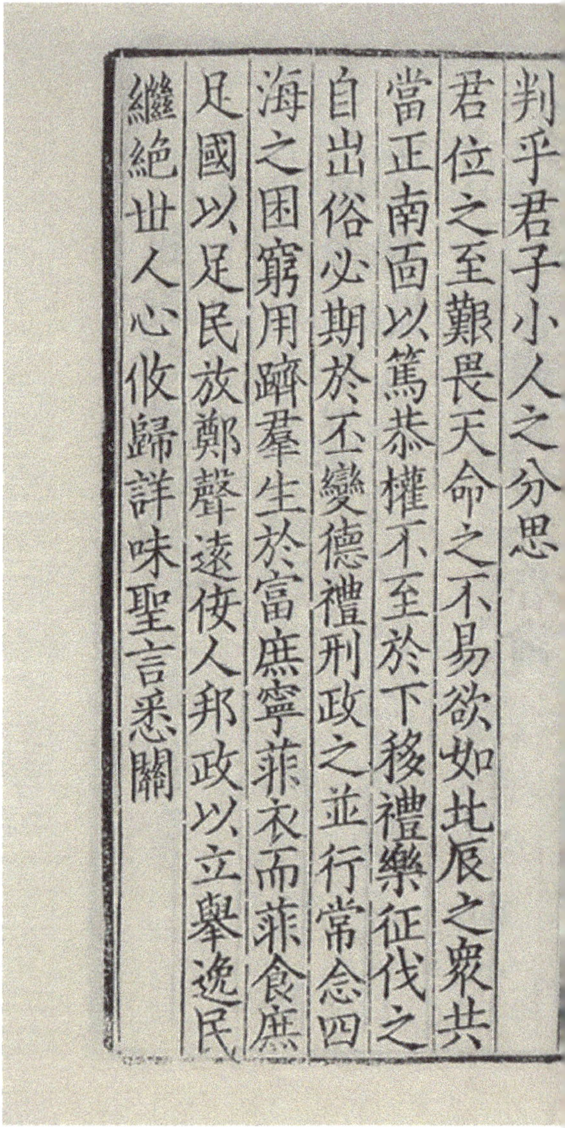

判乎君子小人之分思
君位之至艱畏天命之不易欲如北辰之衆共
當正南面以篤恭權不至於下移禮樂征伐之
自出俗必期於丕變德禮刑政之並行常念四
海之困窮用躋羣生於富庶寧菲衣而菲食庶
足國以足民放鄭聲遠佞人邦政以立舉逸民
繼絕世人心攸歸詳味聖言悉闢

◎图七八 《论语集说》建安余良刻

進論語集說表

臣節言臣五月十一日具

奏乞投

進所編論語集說奉

聖旨許令投

進者伏以

求知行之實誠莫切於魯論

加講習之功端有裨於

聖學喜數年之編集幸一旦之

際逢竊惟洙泗垂訓之書莫非

帝王傳道之要存心爲大主敬以勝百邪克己

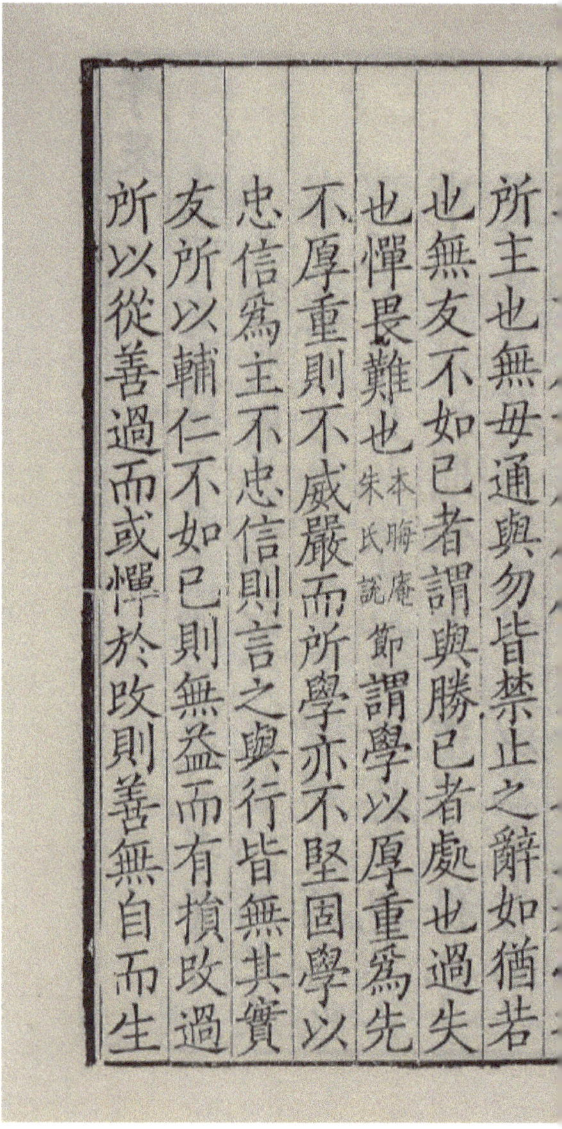

所主也無毋通與勿皆禁止之辭如猶若
也無友不如已者謂與勝已者處也過失
也憚畏難也本晦庵朱氏說節謂學以厚重爲先
不厚重則不威嚴而所學亦不堅固學以
忠信爲主不忠信則言之與行皆無其實
友所以輔仁不如已則無益而有損改過
所以從善過而或憚於改則善無自而生

◎图七九 《论语集说》葛楷刻

學矣

集曰子夏姓卜名商字子夏孔子弟子邢氏疏節謂賢賢易色謂賢人之賢而爲之改容更貌也力無所不盡之謂竭致猶委也謂不有其身也誠於好賢孝於事親忠於事君不欺於朋友四者人道之先務也子夏言有能如是之人雖或以爲未嘗爲學我必謂之巳學者蓋以學當務其本也武夷吳氏曰子夏之言其意善矣然抑揚大過流弊將或至於廢學必若上章夫子之言然後爲無弊也

子曰君子不重則不威學則不固主忠信無友

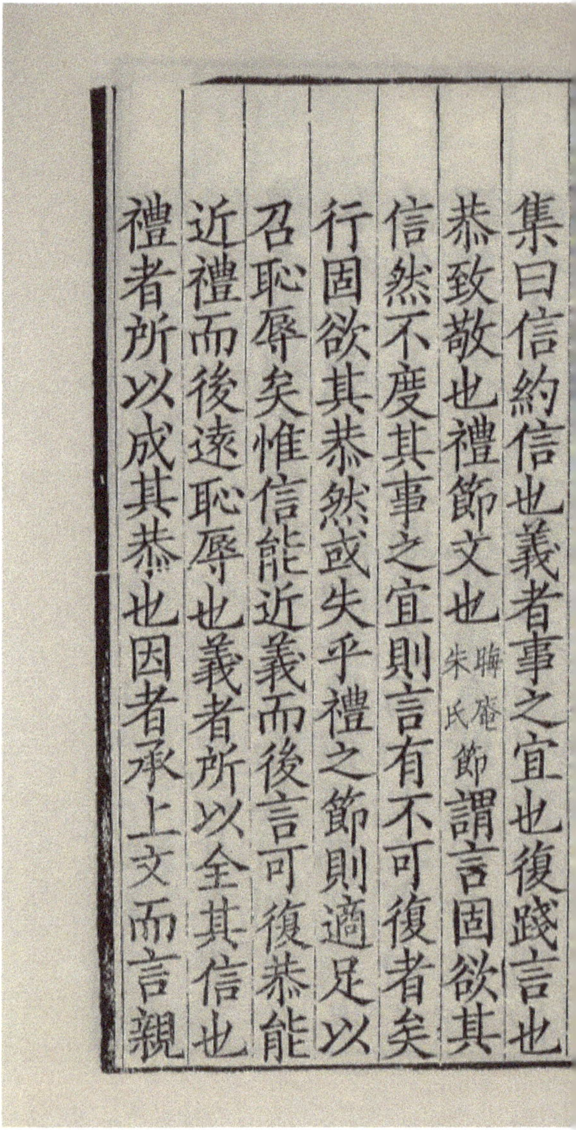

集曰信約信也義者事之宜也復踐言也
恭致敬也禮節文也晦菴朱氏節謂言固欲其
信然不度其事之宜則言有不可復者矣
行固欲其恭然或失乎禮之節則適足以
召恥辱矣惟信能近義而後言可復恭能
近禮而後遠恥辱也義者所以全其信也
禮者所以成其恭也因者承上文而言親

◎图八〇 《论语集说》曹湜刻

朱氏勉齋黃氏曰仁曰心之德禮曰天理之節文義曰心之制此言其體也仁曰愛之理禮曰人事之儀則義曰事之宜此言其用也節謂此章專論禮之用禮之體雖近於嚴而其用則貴於和和者順乎自然而無勉強矯拂之謂也故先王之道以斯爲美而小大之事由之謂其無不可行也然復有所不行者徒知和之可貴而一於和不能以禮節之則和而失之於流所以亦不可行也蓋禮一於嚴則病於拘而不可行一於和則病於肆而亦不可行唯嚴而和和而節不失禮之全體斯可行而無弊矣以禮節之一語不無小病讀者詳之

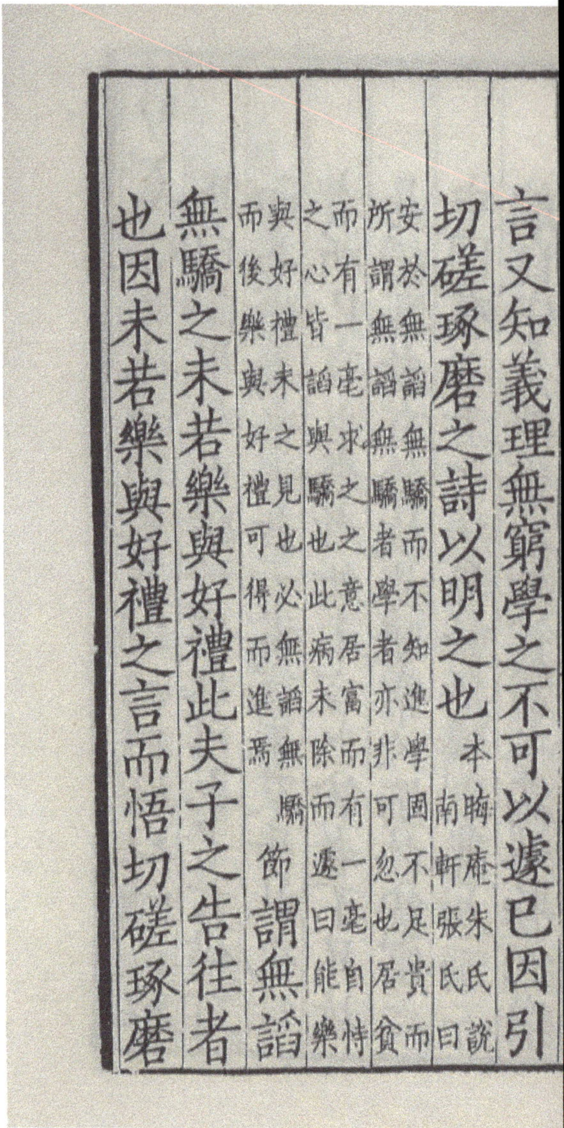

言又知義理無窮學之不可以遽已因引

切磋琢磨之詩以明之也本晦庵朱氏說南軒張氏曰

安於無謟無驕而不知進學固不足貴而所謂無謟無驕者學者亦非可忽也居貧

而有一毫求之之意居富而有一毫自恃之心皆謟與驕也此病未除而遽曰能樂

與好禮未之見也必無謟無驕而後樂與好禮可得而進焉節謂無謟

無驕之未若樂與好禮此夫子之告往者

也因未若樂與好禮之言而悟切磋琢磨

◎图八一 《论语集说》钱瑜刻

詩已矣告諸往而知來者樂音洛好去聲磋七多切謂與之與平聲

集曰諂卑屈也驕矜肆也可也者言僅可而未盡善也未若云者言未及乎此也往者所已言也來者所未言也貧者不足故易諂富者有餘故易驕常人溺於貧富之中固有二者之病無諂無驕則無所溺而能自守矣然猶未知貧富之爲外物也樂則心廣體胖而忘其貧好禮則安處善樂循理而不自知其富此則超乎貧富之外也如切如磋如琢如磨此衛風淇澳之詩

也言治骨角者既切之復磋之治玉石者

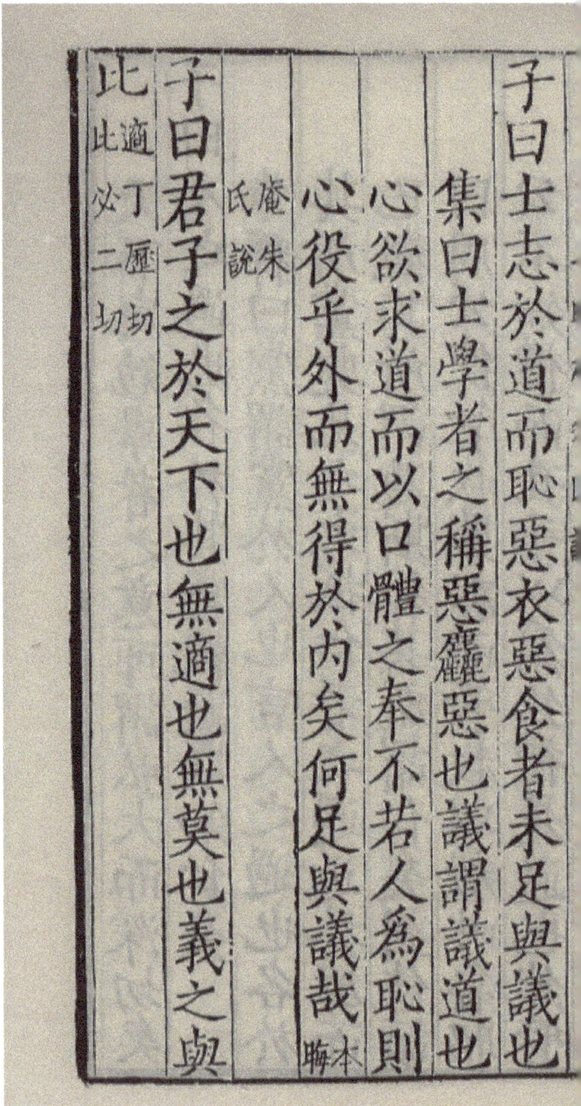

子曰士志於道而恥惡衣惡食者未足與議也
集曰士學者之稱惡麤惡也議謂議道也
心欲求道而以口體之奉不若人爲恥則
心役乎外而無得於内矣何足與議哉本晦庵朱氏說
子曰君子之於天下也無適也無莫也義之與
比適丁歷切比必二切

◎图八二　《论语集说》□俞刻

天下與勉學者之意可謂弘大而深切矣

子曰人之過也各於其黨觀過斯知仁矣

節釋曰黨謂黨於人也言人之過也各於其所黨處見之大抵仁者之過近於厚而已觀其所謂過斯知其所謂仁矣劉侍讀曰周公使管叔監殷而管叔以殷畔魯昭公不知禮而孔子以爲知禮是過也然管叔兄也昭公君也是乃所以爲仁也

子曰朝聞道夕死可矣 朝陟遙切

集曰道者人所當行之理聞道者實有得於此理也此言人不可以不知道苟得聞

是

季康子問政於孔子孔子對曰政者正也子帥

以正孰敢不正帥朔律切

論語集說卷第六　七五　刘申

集曰未有己不正而能正人者也成都范氏致

堂胡氏曰魯自中葉政由大夫家臣效尤據邑背叛不正甚矣故孔子以是告之欲

康子以正自克而改三家之政惜乎康子溺於利欲而不能也

季康子患盜問於孔子孔子對曰苟子之不欲

雖賞之不竊

集曰民聽於上不從其令而從其所好苟

子之不貪欲則民自不爲盜矣雖賞之亦

不竊也尚何盜之足患耶邢氏疏致堂胡氏曰季氏竊

柄康子奪嫡民之爲盜固其所也盍亦反其本耶孔子以不欲啓之其旨深矣

季康子問政於孔子曰如殺無道以就有道何

◎ 图八三　《论语集说》刘申刻

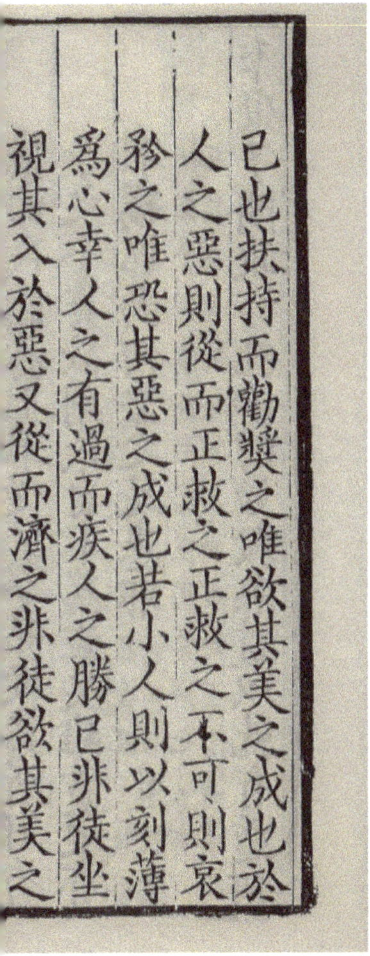

◎ 图八四　刘申刀法特点

从书法史的角度来讲，宋代楷书在精英阶层式微不振。但在民间，楷书因其实用功能，以雕版印刷为载体，通过普通工匠之手，展现出特有的神采与魅力。

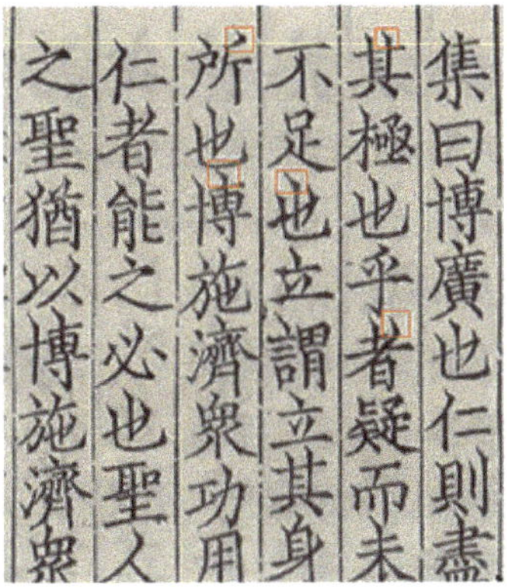

该书卷首自上而下首钤有“李开先印”“钦赐名孚敬字茂恭”“东宫书府”三方大印。这种钤印方式，总让人看着不舒服。一是印面过大，与书叶版面很不协调；二是印泥打得过厚，遮盖了文字内容；三是印油渗出，

污损了书籍。倒是第十卷卷尾的“成 亲王”“诒晋斋印”二小印，谦逊地钤于版框之外，既表所属、揭示了递藏关系，又为本书增色不少。

元刻本

《东坡乐府》

元本《东坡乐府》

《东坡乐府》是苏轼的词集，分上、下两卷，元延祐七年（1320）叶辰南阜书堂刻本（图八五）。版框高十八点八厘米，宽十二点四厘米，左右双边，黑对鱼尾，白口，版心题“坡上”“坡下”字样，下题叶数。半叶十行，行十八字，无刻工姓名。

苏轼（1037—1101），字子瞻，号东坡居士，眉州眉山（今四川省眉山市）人。嘉祐二年（1057）进士，历任翰林学士、礼部尚书、翰林侍读等。谥“文忠”。苏轼与其父亲苏洵、弟弟苏辙并称“三苏”。谈到苏轼，

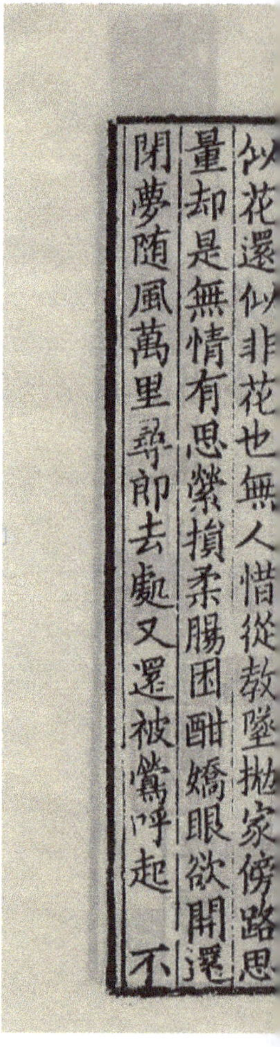

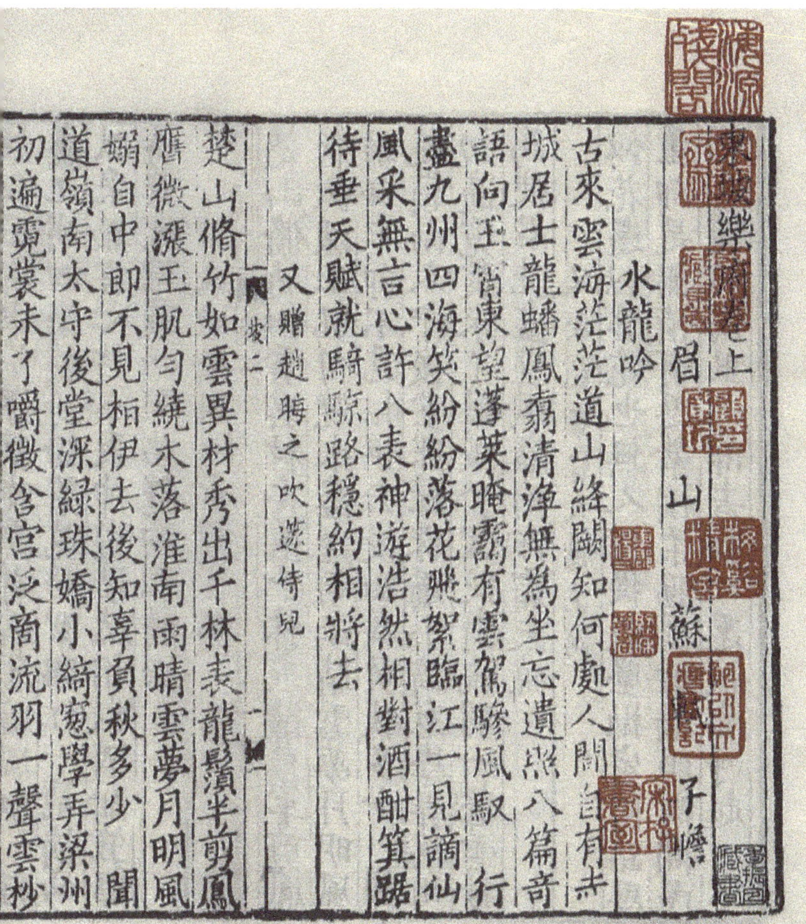
東坡樂府卷上　　眉山　蘇　軾　子瞻

水龍吟

古來雲海茫茫道山絳闕知何處人間自有赤城居士龍蟠鳳翥清淨無爲坐忘遺照八篇奇語向玉霄東望蓬萊晻靄有雲駕驂鳳馭　行盡九州四海笑紛紛落花飛絮臨江一見謫仙風采無言心許八表神遊浩然相對酒酣箕踞待垂天賦就騎鯨路穩約相將去

又贈趙晦之吹笛侍兒

楚山脩竹如雲異材秀出千林表龍鬚半剪鳳膺微漲玉肌勻繞木落淮南雨晴雲夢月明風嫋自中郎不見桓伊去後知辜負秋多少　聞道嶺南太守後堂深綠珠嬌小綺窗學弄梁州初遍霓裳未了嚼徵含宮泛商流羽一聲雲杪

◎ 图八五　元延祐七年叶辰南阜书堂刻本《东坡乐府》书影

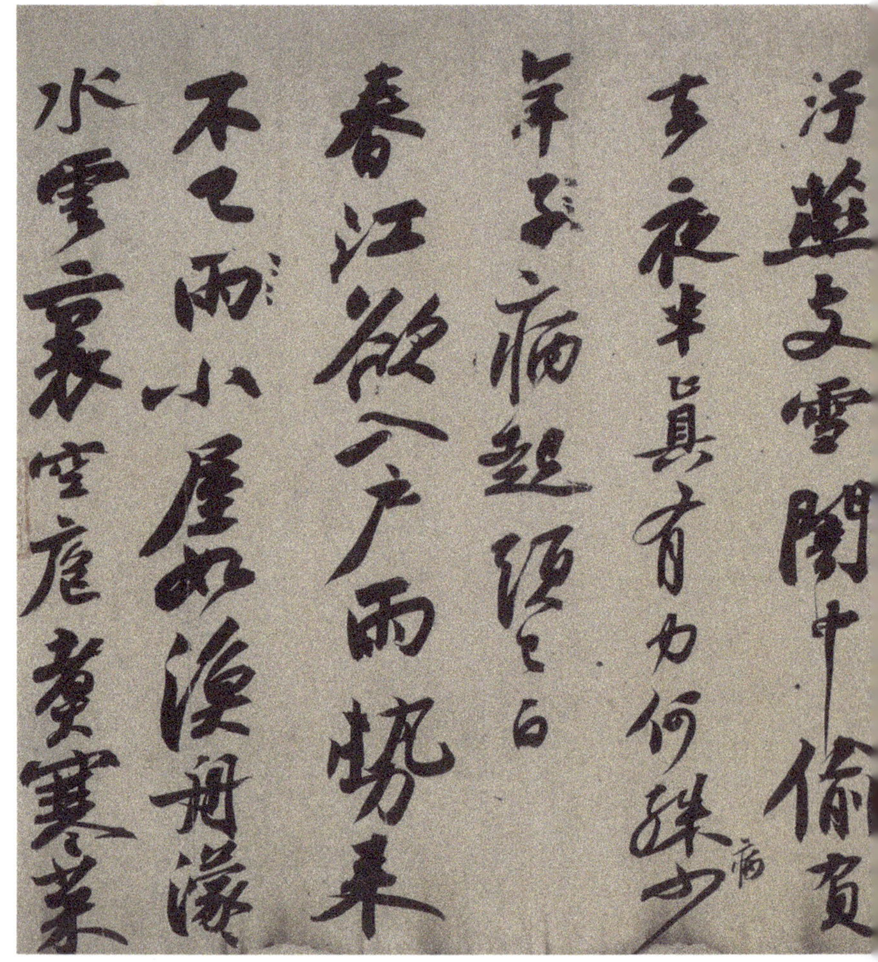

◎ 图八六　宋苏轼《黄州寒食诗帖》（局部）

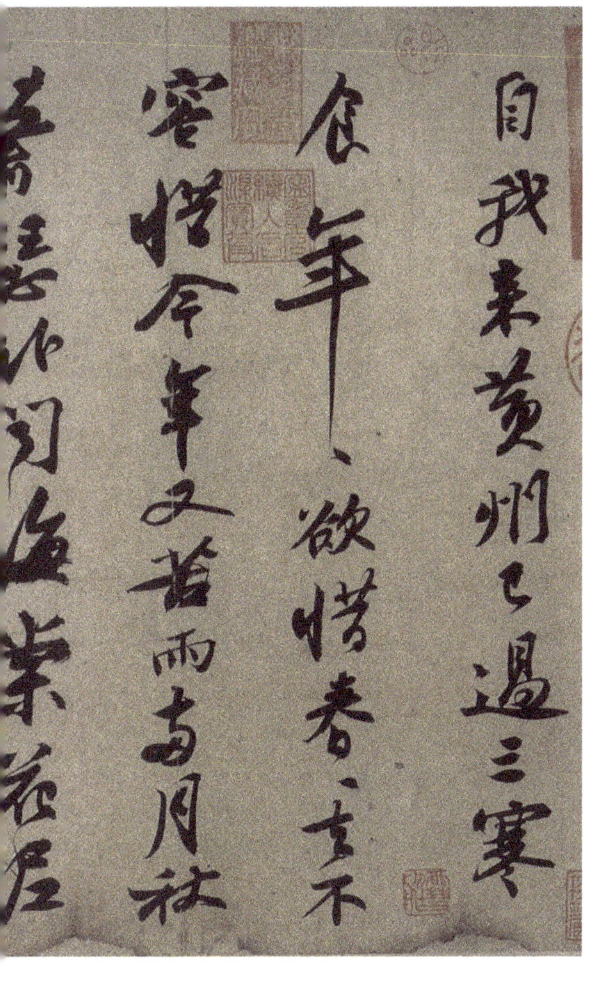

可以说有讲不完的话题。他是一个政治上的失意者，也是一位在散文、诗、词、书法、绘画等方面都取得了很高成就的艺术巨匠。在书法方面，作为“宋四家”的代表，他高擎“尚意”书风的大旗，振兴北宋书坛。他在《石苍舒醉墨堂》一诗中说：“我书意造本无法，点画信手烦推求。”他主张书法家要自由地表现自我，注重个人情感的宣泄；书法艺术要展现书法家

的个性与追求。他说："书初无意于佳乃佳尔……吾书虽不甚佳，然自出新意，不践古人，是一快也。"（《东坡题跋》）他强调书法艺术风格的多样化，在《和子由论书》诗中说："吾虽不善书，晓书莫如我。苟能通其意，尝谓不学可。貌妍容有颦，璧美何妨椭。端庄杂流丽，刚健含婀娜。"在《孙莘老求墨妙亭诗》中也说："杜陵评书贵瘦硬，此论未公吾不凭。短长肥瘦各有态，玉环飞燕谁敢憎。"

苏轼擅长楷书和行书，取法李邕、徐浩、颜真卿，上追魏晋，而自出新意行笔豪放恣肆，丰腴跌宕，得天真烂漫之趣（图八六）。苏轼的书法世称"苏体"，不仅在书法史上有重要的地位，对雕版印刷也产生了很大的影响。苏体和欧体、颜体、柳体、赵体一样，也是版刻字体取法的对象。傅增湘《藏园群书题记》卷十《宋刊残本大方广佛华严经跋》云："忽于僧房得觏宋刻残本《华严经》三部，一为大字本，运笔疏放，仿坡公体……"宋淳熙六年（1179）刻本《宗门统要集》（今藏于日本京都东福寺），其字体也是师法"苏体"[①]。

苏轼生活的北宋中期，正是雕版印刷业发展兴盛时期。书籍由抄写到雕版印刷这种革命性的转变，使图书出版的数

① 参见祁小春：《古籍版刻书迹例说》，浙江人民美术出版社，2018 年，第 65 页。

量和传播的速度达到了空前，也使苏轼产生了疑虑。他在《李氏山房藏书记》中写道：“自秦汉以来，作者益众，纸与字画日趋于简便。而书益多，士莫不有，然学者益以苟简，何哉？余犹及见老儒先生，自言其少时，欲求《史记》《汉书》而不可得，幸而得之，皆手自书，日夜诵读，惟恐不及。近岁市人转相摹刻诸子百家之书，日传万纸，学者之于书，多且易致，如此其文词学术，当倍蓰于昔人，而后生科举之士，皆束书不观，游谈无根，此又何也？”苏轼的疑虑姑且不谈，但其所说“近岁市人转相摹刻诸子百家之书，日传万纸”的境况，可以想象当时雕版印刷业之盛。

苏轼的著述在宋代汇编为《东坡七集》（即《东坡集》四十卷、《后集》二十卷、《奏议》十五卷、《内制》十卷、《外制》三卷、《和陶诗》四卷、《应诏集》十卷）行世，但词集《东坡乐府》未在其中。此元刊本《东坡乐府》是东坡词集最古老的本子。

谈到元代刻本的字体风格，以往版本学家们都有一个较为一致的看法——赵字，即元代书法家赵孟頫的字体。赵孟頫，字子昂，号松雪道人，又号水晶宫道人、鸥波。浙江吴兴（今浙江湖州）人，人称赵吴兴。他是宋朝宗室后裔，卒后追封魏国公，谥“文敏”，故后人也称其为赵魏国、赵文敏。《元史·赵孟頫传》说他“幼聪敏，读书过目辄成诵，为文操笔立就”。赵孟頫在诗、书、画、音律等多个领域都有杰出的成就，尤其是他的书法，在中国艺术史上有重要的地位和深远的影响。赵孟頫以楷书、行书著称，笔法圆熟劲健，书风遒媚秀逸。其楷书与欧阳询、颜真卿、柳公权并称“楷书四大家”。版本学上所谓“赵体”，指的就是他的楷书字体。赵体楷书，分小楷、大楷两种，在笔法、结字、章法等方面各具特色。赵孟頫的小楷取法王羲之和王献之，深得《黄庭经》《洛神赋》的神韵，其代表作是《道德经》《汲黯传》《高上大洞玉经》（图八七）等。赵孟頫的大楷，用笔以方为主，方圆兼施，沉稳遒劲，点画厚重温

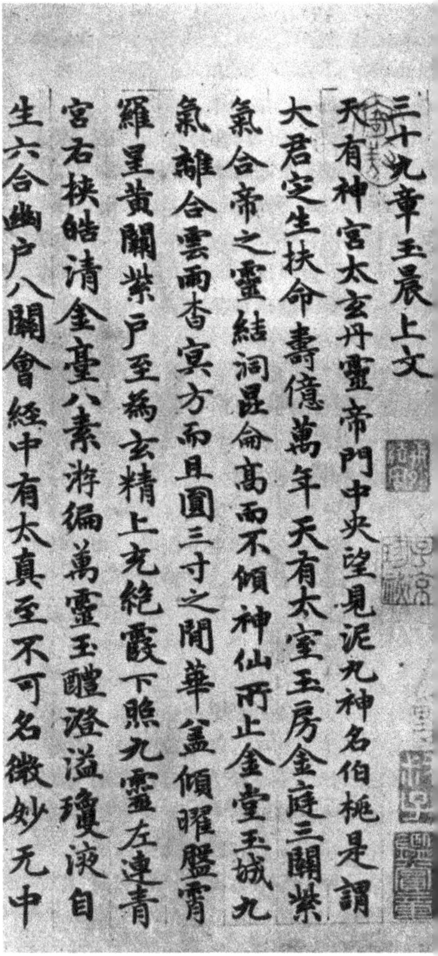

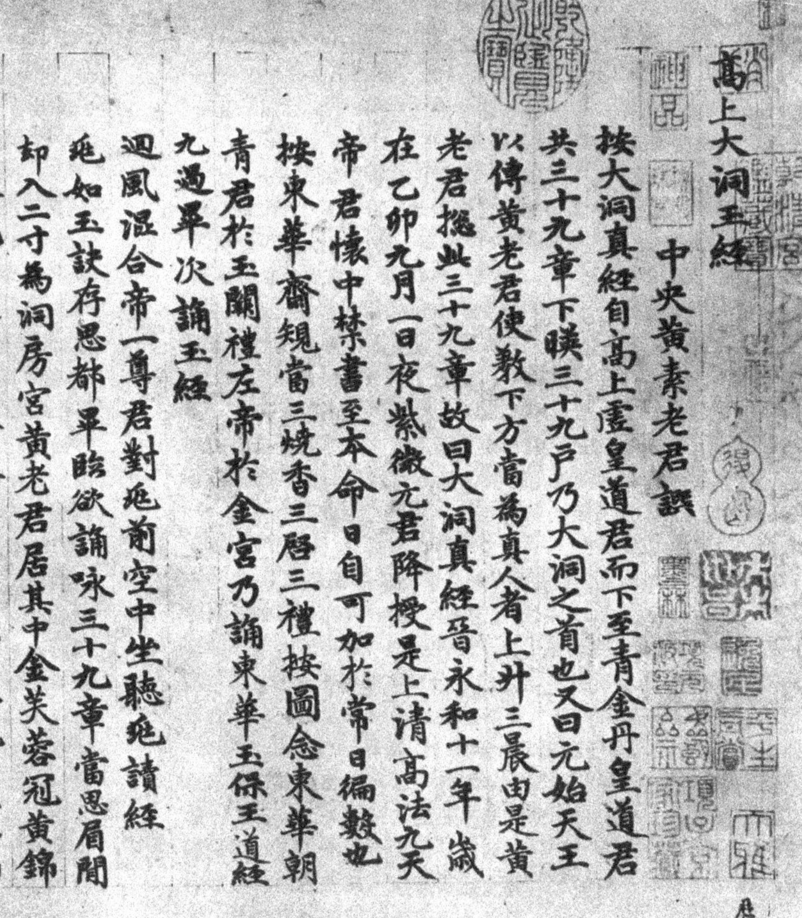

◎ 图八七　元赵孟頫《高上大洞玉经》（局部）

润；结体方正，章法严整。代表作有《玄妙观重修三门记》《帝师胆巴碑》《湖州妙严寺记》等。作为元代书坛的领袖，赵孟頫对元代士人有着巨大的影响。这种影响自然也会波及以楷书字体为主的雕版印刷领域。

清代徐康在《前尘梦影录》卷下说："元代不但士大夫竞学赵书，如鲜于困学、康里子山，即方外如伯雨辈亦刻意力追，且各存自己面目。其时如官本刻经史，私家刊诗文集，亦皆摹吴兴体。"叶德辉也说："而有元一代，官私刻本皆尚赵松雪体，此则元体字之滥觞也。"（《书林清话》）毛春翔说："元刻最显著的特点有二：一是黑口，二是赵吴兴（孟頫）字体。"[①] 他在谈到如何鉴别版本时，更是明确地讲道："元刻字体，的确都是赵体字"。[②] 李清志则将元代版刻字体分为"赵松雪体"和"非赵松雪体"。他在《古书版本鉴定研究》"金元版刻字体"一节里说："元版字体有赵松雪体与非赵松雪体。以地域而论，建安刻本有统一的字形，皆采赵体字手书上版；建安以外地区除部分精刻本采行欧、颜、柳诸体，大致上趋向于自然书体者较多。"李致忠在《古书版本学概论》里，引用了《前尘梦

① 毛春翔：《古书版本常谈》，上海人民出版社，1977 年，第 46 页。
② 同上，第 102 页。

影录》的观点后说："可见，在元代社会上，不但士大夫竞学赵字，就是一般文人也刻意模仿。一直到刻书业，也附庸这种社会风气，皆以效法赵字为美。所以，元代刻书的字体，无论官刻私雕，几乎都是赵字的风貌。"[①]他又紧接着说："当然，也有两点值得注意，即在元朝的书刻中，其字体也有一些不是赵字的，不可一概而论。"笔者认为，李清志观点的可贵之处，在于他不认为元代"官本刻经史，私家刊诗文集，亦皆摹吴兴体"。我们通过对现存元刻本的考察，发现具有"赵体"风格的刻本并不很多。

这部刻于元延祐七年的《东坡乐府》其字体就不是"赵体"的风格。此集的字体取法颜真卿，风格介于《郭家庙碑》（图八八）和《臧怀恪碑》二碑之间，凝重、清劲，章法严整。笔画粗细一致，横画的结尾处没有明显的顿笔。整部书大字、小字风格一致，为一人所书（图八九）。遗憾的是，我们还不知道这位功力深厚的书写者的姓名。也不知刻工姓名，但其对字体的风格特征把握得比较准确，刀法圆润，镌刻时忠实于书手墨迹原本，保持着书写意味，且不失颜体神韵。此集字体风格首尾一致，完整统一（图九〇）。

---

① 李致忠：《古书版本学概论》，书目文献出版社，1990年，第109页。

或爲郭因而氏
焉代爲太原著
姓漢有光祿大

◎ 图八八　唐颜真卿《郭家庙碑》（局部）

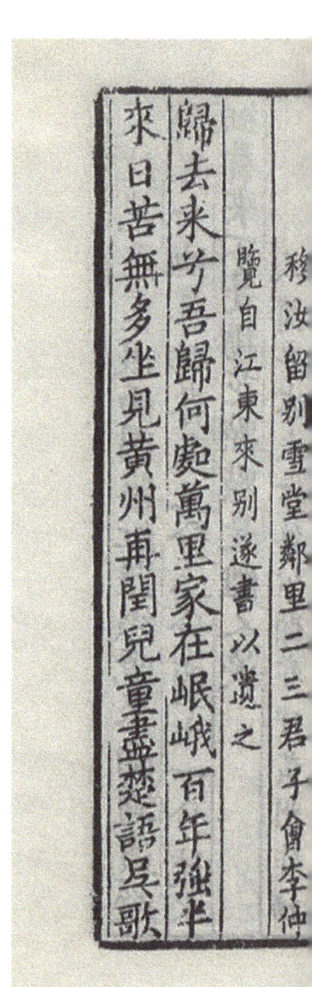
移汝留别雪堂鄰里二三君子會李仲
覽自江東來别遂書以遺之
歸去来兮吾歸何處萬里家在岷峨百年強半
來日苦無多坐見黃州再閏兒童盡楚語吳歌

恨此花飛盡恨西園落紅難綴曉來雨過遺蹤
何在一池萍碎春色三分二分塵土一分流水
細看來不是楊花點點是離人淚

又聞丘大夫孝終公顯嘗守黄州作栖
霞樓爲郡中勝絶元豐五年予謫居黄
正月十七日夢扁舟渡江中流回望樓
中歌樂雜作舟中人言公顯方會客也
覺而異之乃作此曲蓋越調鼓笛慢公
顯時已致仕在蘇州

小舟横截春江臥看翠壁紅樓起雲間笑語使

坡二　　二

君高會佳人半醉危柱哀絃艷歌餘響遶雲縈
水念故人老大風流未減空回首煙波裏　推
枕惘然不見但空江月明千里五湖聞道扁舟
歸去仍攜西子雲夢南州武昌東岸昔游應記

◎ 图八九　《东坡乐府》书影

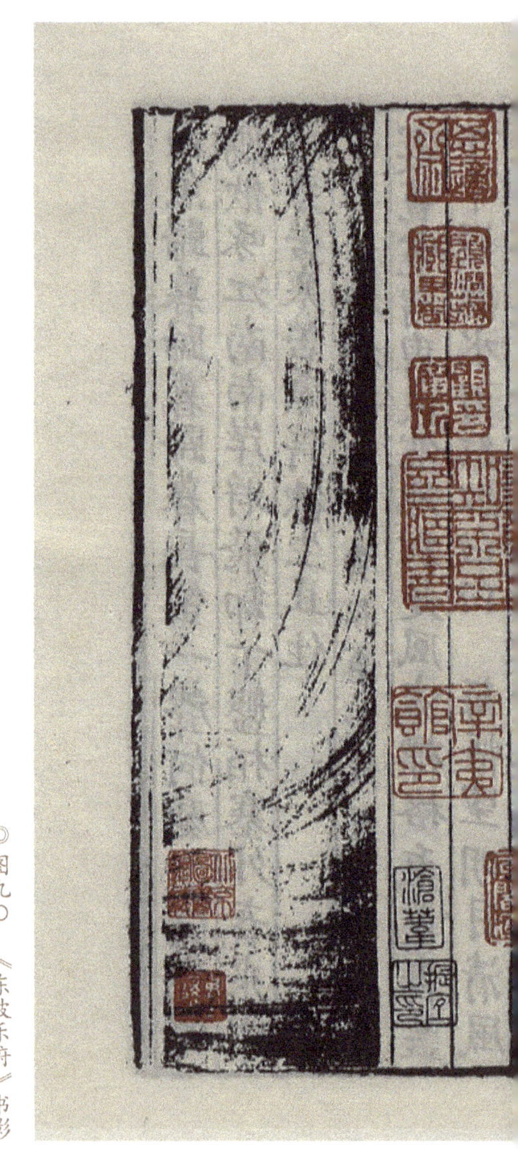

◎图九〇 《东坡乐府》书影

白魚歸暮歸暮歸暮長笛一聲何處　歸鴈歸
鴈歛啄江南南岸將飛却下盤桓塞外春來寒
苦寒苦寒苦藻荇欲生且住

荷花媚 湖州賈耘老小妓號雙荷葉

霞苞電荷碧天然地別是風流標格重重青蓋
下千嬌照水好紅紅白白　每悵望明月清風
夜甚低迷不語妖邪無力終須放舡兒去清香
深處住看伊顏色

此集卷前镌有叶辰序（图九一、图九二），为手书上版。序云：“今之长短句，古三百篇之遗旨也。自风雅隳散，流为郑卫侈靡之音，不能复古之淳厚久矣。东坡先生以文名于世，品咏之余，乐章数百篇，乐而不淫，哀而不伤，真得六义之体。观其命意吐词，非涉学窥测。好事者或为之注释，中间穿凿甚多，为识者所诮。旧版湮没已久，馀有家藏善本，再三校正一新，刻梓以永流布，使先生文章之光焰，复盛于明时，不亦幸乎！延祐庚申正月望日，括苍云深叶辰刻于云间南阜书堂。”叶辰，括苍（今浙江丽水）人，其生平事迹不详。南阜书堂是叶辰的书坊，在云间（今松江）。元代松江书法深受赵孟頫的影响，一说赵孟頫的夫人管道升（1262—1319）也是松江人。元代初年，赵孟頫经常到松江讲学授艺，当时松江的

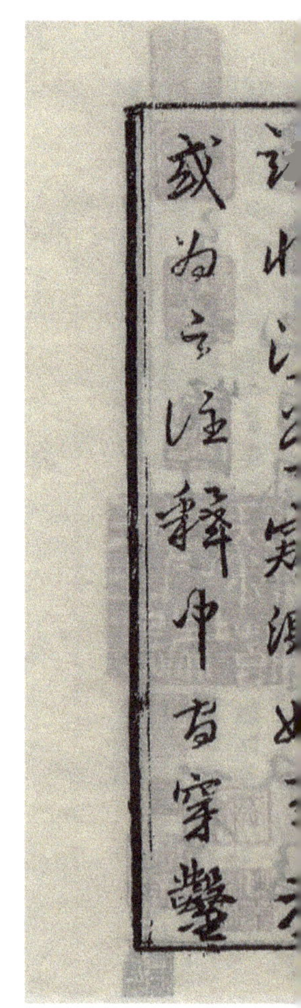

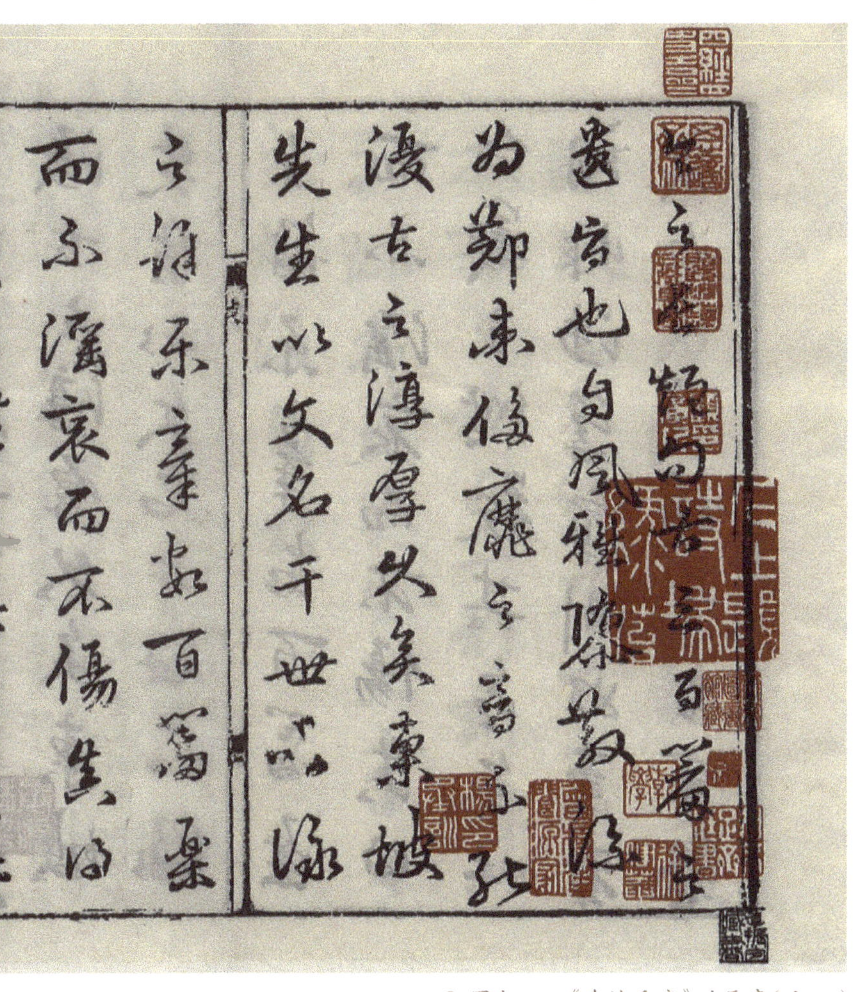

◎ 图九一 《东坡乐府》叶辰序（之一）

文人学子，书法大都宗法赵孟頫。我们尚不清楚叶辰的习书经历与师承关系，但仔细品鉴他的这篇行书序言，其风格雅近赵孟頫，有赵孟頫行书《烟江叠嶂图》（图九三）的意味。笔法方圆兼用，笔力劲健，线条爽利，潇洒儒雅，是一件难得的书法佳作，并有着较高的史料价值。

这部元刻本《东坡乐府》写、刻俱佳，有着很高的艺术价值。因此，也为历代藏书家所珍重与宝爱。书中钤有“古吴王氏”“竹坞”“辛夷馆印”“季沧苇藏书”“徐健庵”“歙鲍以文知不足斋藏书”“顾涧苹藏书”“思适斋”“曾藏汪阆源家”“东郡杨绍和彦和珍藏”“杨氏海源阁藏”等印。可知此书在明代曾为王宠、文徵明收藏，后又经季振宜、徐乾学、鲍廷博、顾广圻、黄丕烈、汪士钟、杨以增等著名藏书家递藏，最后，终被周叔弢先生购得，先生以“周暹”白文小印钤于行间无字之处，以示珍爱。1952年，周先生将此珍贵典籍无偿捐赠给中国国家图书馆。

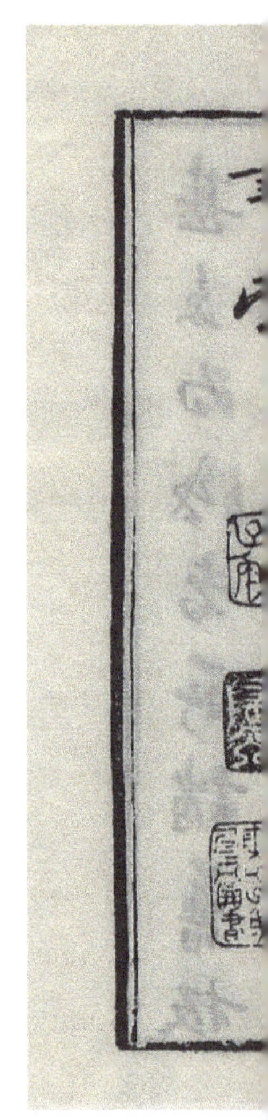

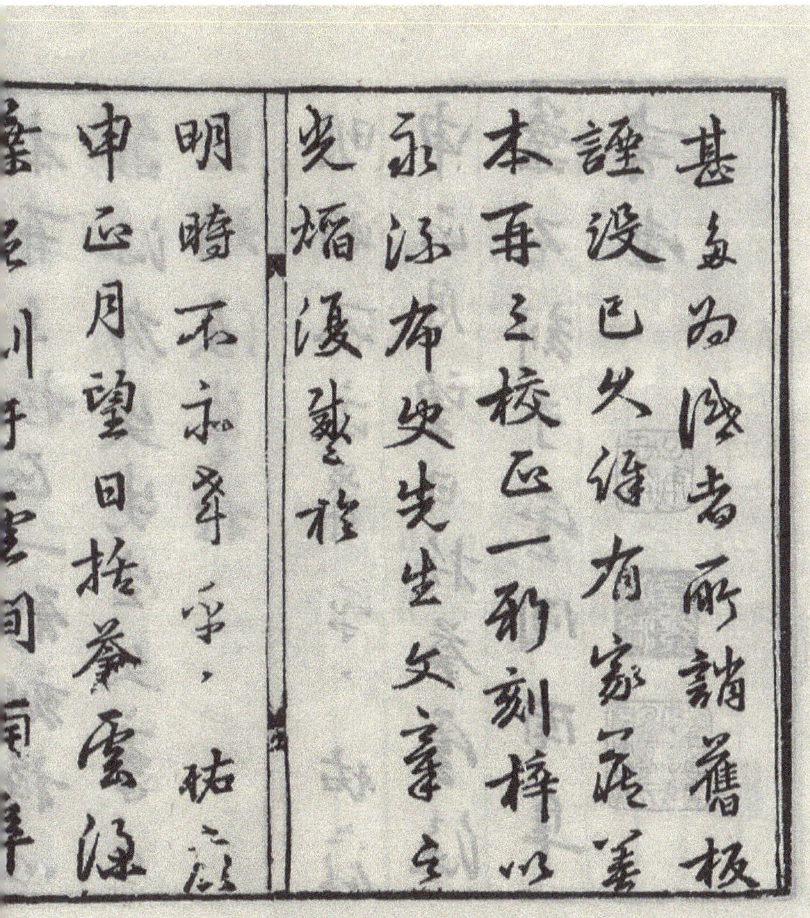

甚多為脫者所謂舊板謬誤已久緣有家藏善本再三校正一新刻梓以永流布使先生文章之光焰復藝於明時不亦樂乎。祐庚申正月望日括蒼雲淥

◎ 图九二 《东坡乐府》叶辰序（之二）

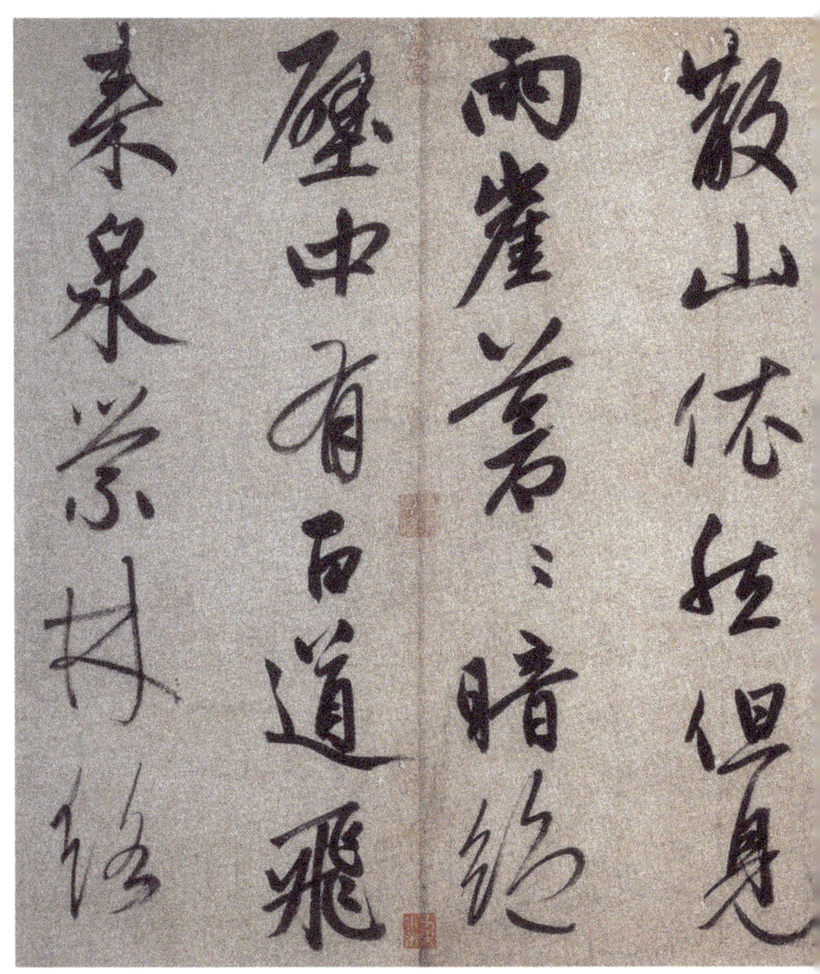

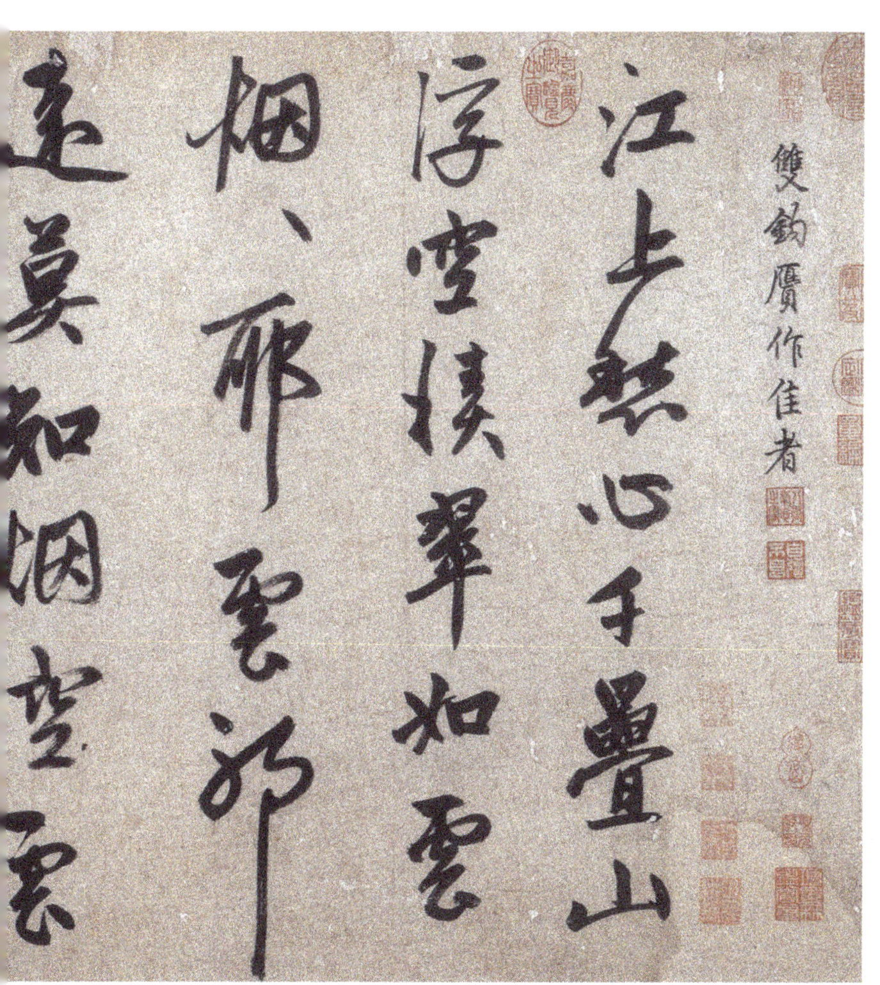

◎ 图九三　元赵孟頫行书《烟江叠嶂图》（局部）

元刻本

《困学纪闻》

元本《困学纪闻》

中国国家图书馆藏元刻本《困学纪闻》二十卷，南宋王应麟撰，原为傅增湘购藏。《藏园群书题记》卷七云：“近者，临清徐梧生遗书散出，余以重值获得旧刻本，半叶十一行，每行二十四字，版心宽展，高至九寸，阔五寸七分，字仿鸥波体，缮写工妙，模印精良，与《天禄目》所记绝相类。持示海内鉴藏诸公，皆诧为未见，盖元泰定二年庆元路刻本也。”[①]《中国古籍善本书目》《中国出版通史·宋辽西夏金元卷》均著录此书为“元泰定二年庆元路儒学刻本”王应麟（1223—1296），字伯厚，号厚斋，晚号深宁居士，庆元府鄞县（今浙江宁波）人。幼年聪颖好学，《宋史》称他“九岁通《六经》”。南宋理宗淳祐元年（1241）年仅十八岁时登进士第，宝祐四年（1256）考取博学宏词科，官至礼部尚

① 傅增湘：《藏园群书题记》，上海古籍出版社，1989 年，第 392 页。

书兼给事中。王应麟深具儒士风骨，南宋灭亡以后，他隐居乡里，著书立说。其间所有著作，只纪甲子而不题年号。王应麟为宋末鸿儒，博学多才，谙于经史百家，精通天文地理、典章制度、名物掌故，长于考证，一生著述宏富。据《宋史》卷四百三十八本传记载，其平生著作有二十三种，六百九十五卷。遗憾的是，这些著作散佚严重，仅有《困学纪闻》与《玉海》（附其他著作十四种），因元代庆元路儒学刊刻而得以传世。

《困学纪闻》是王应麟治学笔记的汇编，内容广博。卷一至八为说经，卷九天道、历数，卷十为地理、诸子，卷十一至卷十六为考史，卷十七至卷十九为评文、评诗，卷二十为杂识。“各以类聚，考订评论，皆出已意，发前人之所未发，辞约而明，理融而达……”（牟应龙序）作者以其深厚的考据学功力，奠定了此书在我国古文献学史上的重要地位。

此元刻本《困学纪闻》是国内现存最早的本子，且仅此一部。版框高二十八点三厘米，宽十七点七厘米，每半叶十一行，行二十四字，白口，黑对鱼尾，左右双边。原有至治二年（1322）牟应龙（1247—1324）序、泰定二年（1325）袁桷（1266—1327）序、庆元路儒学教授吴郡陆晋之序，此本具佚。卷首有王应麟题识三行："幼承义方，晚遇艰屯。炳烛之明，用志不分。困而学之，庶自别于下民。开卷有得，述为纪闻。深宁叟识。"楷书大字，手写体（图九四）。后接目录，目录后有方形"伯厚甫"和亚字形"深宁居士"篆书阳文墨记二方。卷二十后镌有"孙厚孙、宁孙校正"一行，原有"庆元路儒学学正胡禾监刊"一行，现也已残损不存。

卷端这三十八个字的题识，《钦定四库全书总目》称"尚钩摹应麟手书，藏弆之家，以为珍笈"，也就是说，"题识"摹自王应麟的手书原迹。从字结构和笔画形态上看，主要师法欧阳询。王应麟为宋季名士，但其传世的书法墨迹非常少；关于他的书法实践，我们更是知之甚少。这对南宋书法史来讲不无遗憾。王应麟曾为宁波一代的州学、县学、书院、祠堂题

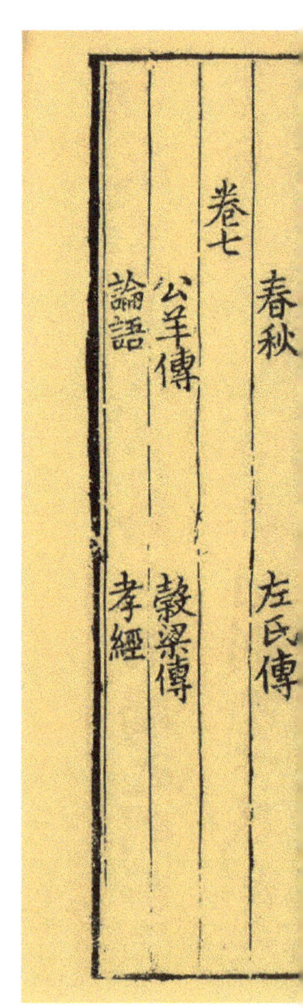

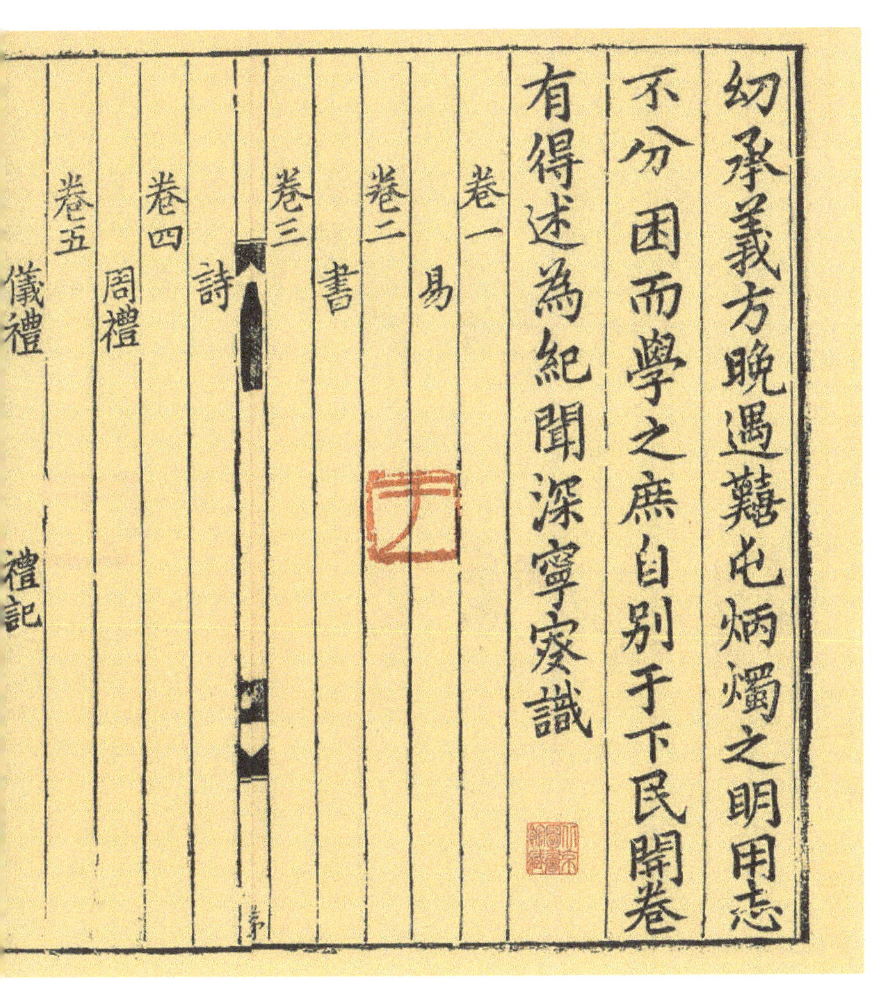

幼承義方晚遇藹屯炳燭之明用志不分 困而學之庶自別于下民開卷有得述為紀聞深寧叟識

◎ 图九四 《困学纪闻》王应麟题识

写过多种碑记，《南宋书法史》根据袁桷撰《延祐四明志》作了粗略统计，王应麟曾撰并书的碑铭有：《（四明）重建大成殿记》，咸淳六年（1270），署“朝奉大夫秘阁修撰新知徽州王应麟记”；《（四明）重建学记》，至元二十八年（1291）冬；《（鄞县）重建慈湖书院记》，至元二十九年壬辰三月，署“浚仪王应麟记”；《奉化重修县治记》，至元二十九年八月，署“前进士王应麟记”；《（鄞县）重建学记》，至元三十九年八月，署“前进士王应麟记”①。

王应麟的墨迹现仅见一件，即文天祥《谢昌元座右自警辞卷后跋》（今藏中国国家博物馆），楷书。这件作品与“题识”相比对，虽然有一些差异（这种差异很大程度上是刻工在“转

陰息也因日以動因夜以息唯有道者能行之以陰陽言日
夕易說所未及
蔡澤謂易曰亢龍有悔此言上而不能下信而不能詘往而不
能自反者也亦善言易矣澤相秦數月而歸相印非苟知之

① 参见方爱龙：《南宋书法史》，上海古籍出版社，2008 年，第 254 页。

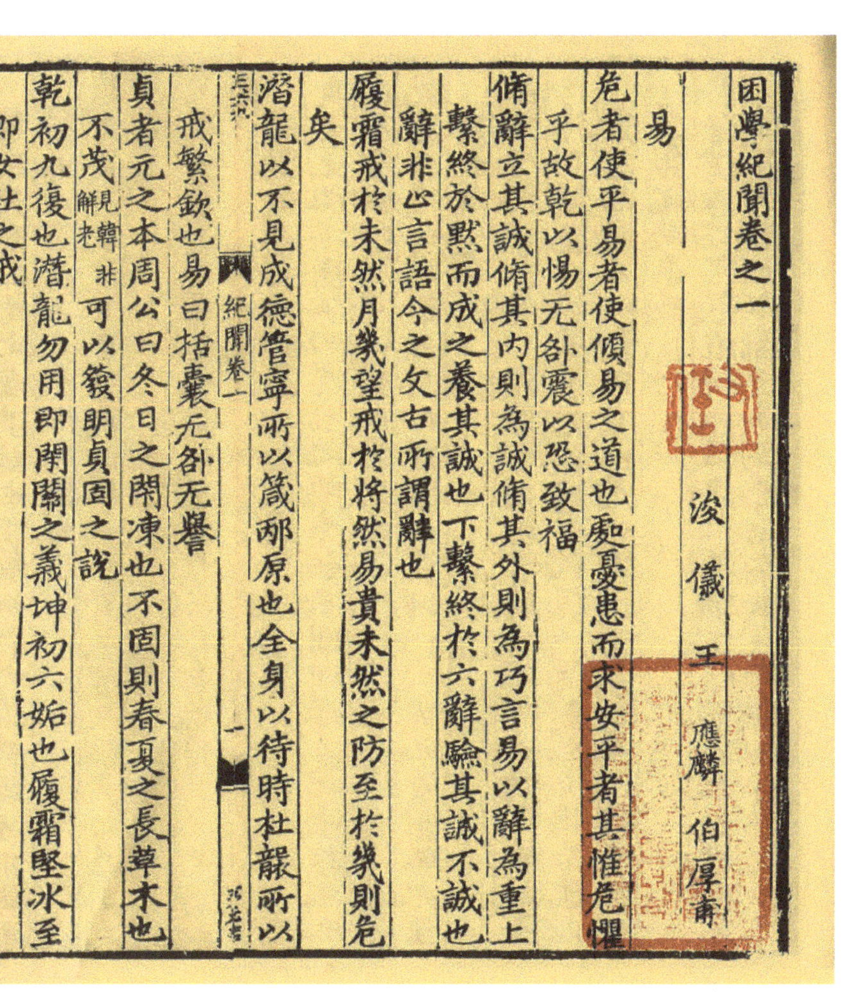

困學紀聞卷之一

浚儀 王 應麟 伯厚甫

易

危者使平易者使傾易之道也處憂患而求安平者其惟危懼乎故乾以惕无咎震以恐致福

脩辭立其誠脩其內則為誠脩其外則為巧言易以辭為重上繫終於黙而成之養其誠也下繫終於六辭驗其誠不誠也辭非止言語今之文古所謂辭也

履霜戒於未然月幾望戒於將然易貴未然之防至於幾則危矣

潛龍以不見成德管寧所以箴邴原也全身以待時杜襲所以戒繁欽也易曰括囊无咎无譽

紀聞卷一 一

貞者元之本周公曰冬日之閉凍也不固則春夏之長草木也不茂見韓非解老可以發明貞固之說

乾初九復也潛龍勿用即閉關之義坤初六姤也履霜堅冰至即女壯之戒

◎ 图九五 元泰定二年庆元路儒学刻本《困学纪闻》书影

移摹刻”过程中造成的），但都是欧阳询《九成宫醴泉铭》的风格。“题识”书写自然，点画凝重遒劲；“后跋”书写精谨，结体瘦长清俊。从这两件作品中我们了解到，王应麟的书法主要师法欧阳询。这与和他同一时代的另一位大名士周密（1232—1298）很相像。周密的书法也是以欧体为基调，其传世作品亦不多见。由此我们又可以看到，南宋版刻字体大都为欧体风格，与这些文人们的书法实践和审美趣尚有一定的关系。文人、艺术家参与雕版印刷，会大大提高作品艺术品位和文化内涵。如周密的《草窗韵语》刻于南宋咸淳七年（1271），其字体风格非常接近欧阳询《九成宫醴泉铭》，且较《九成宫醴泉铭》更加轻松自然、灵活生动，具有较高的艺术水平。有的学者就认为，此书为周密亲笔手书上版，再交付刻工镌刻而成[①]。这自然就提高了这部书的艺术价值。

此元刻本《困学纪闻》的字体风格，傅增湘认为是“仿鸥波体，缮写工妙”。“鸥波”即赵孟頫。《困学纪闻》刊成于泰定二年（1325），赵孟頫已于三年前病逝于吴兴老家。这位伟大的书法家，崇尚魏晋，承续“二王”根脉，开辟了元代书法的新天地。赵氏书法深刻地影响了元代的书坛。元

① 参见祁小春：《古籍版刻书迹例说》，浙江人民美术出版社，2018年，第87页。

代的版刻字体，一定程度上也受到赵体书风的影响。如《石田先生文集》（图九六）、《清容居士集》（图九七）、《松雪斋文集》、《范文正公政府奏议》等。在赵体书风的影响下，这些刻本形成了一种字形偏扁、笔画圆活流畅、温润秀媚、清俊儒雅的版刻书法风格。

此元刻本《困学纪闻》的字体，有着赵体书法“圆活遒媚”“温妍儒雅”的风格特征。

《困学纪闻》是写刻本，其最大的特点是极具写刻本“书写性”的特征。笔势连贯、点画生动，线条边缘光洁流畅。小楷能写得如此灵活、精准，没有一定的功力是很难做到的。字形为扁方，横画大都左低右高。因此，也造成了字结构的欹侧变化，生动自然，协调一致。遗憾的是，我们还不知道此书的书写者是谁。古籍版刻，刻工尚能在版心上署名，但书手却鲜有留名者。这是雕版印刷史和书法史上的一大缺憾。《困学纪闻》的字体，其风格也是多样的。我们仅以书中的几叶为例来加以说明。

卷九第三叶（图九八），行笔沉着、从容不迫，点画精到，字势稳健。刻工能精确地表现笔画边廓丰富细微的变化。

卷一第二十四叶（图九九），行笔速度很快，真可谓“下笔神速如风雨”，但又不失严谨，刀法圆活，笔画圆转流畅。

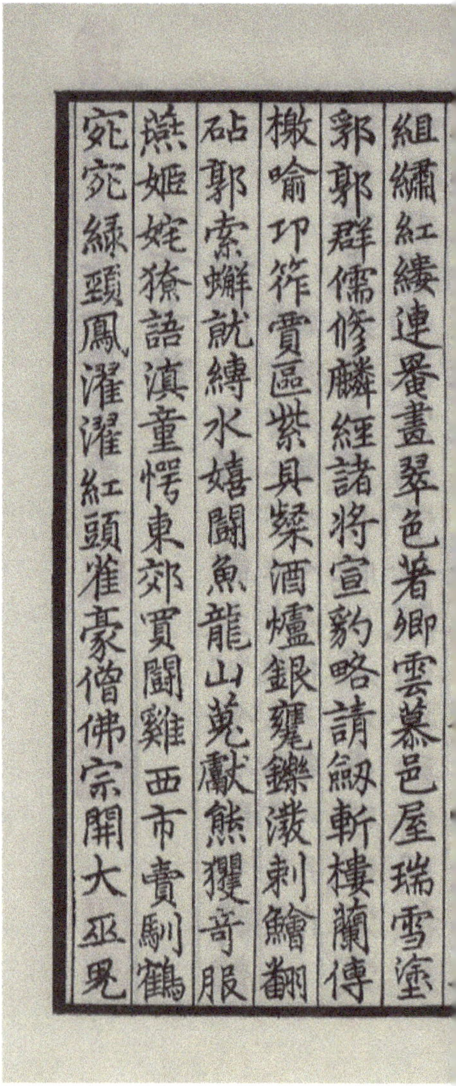

組繡紅縷連鬢畫翠色著卿雲慕邑屋瑞雪塗
郛郭群儒修麟經諸將宣豹略請纓斬樓蘭傳
橄喻卭筰賈區紫具繫酒爐銀甕鑠潑剌鱠翻
砧郭索蠏就縛水嬉鬭魚龍山覓獻熊玃奇服
燕姬姹獫語滇童愕東郊買鬭雞西市賣馴鶴
宛宛綠頸鳳濯濯紅頭雀豪僧佛宗開大巫覡

◎图九六　元至元五年扬州路儒学刻本《石田先生文集》书影

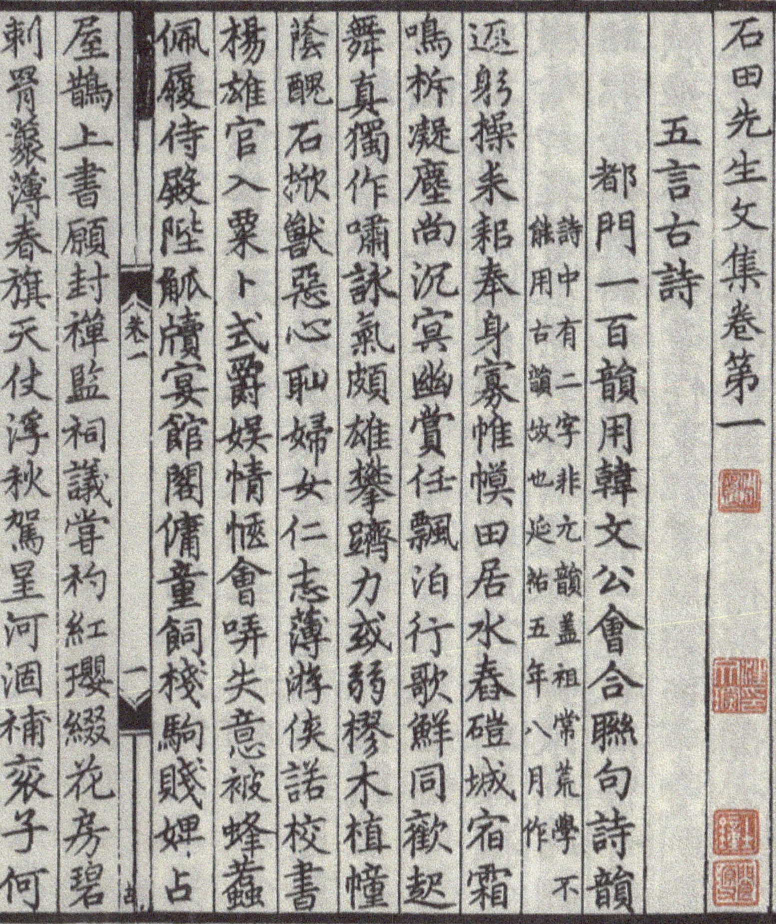

石田先生文集卷第一

五言古詩

都門一百韻用韓文公會合聯句詩韻

詩中有二字非元韻蓋祖常荒學不能用古韻故也延祐五年八月作

逕躬操耒耜奉身寡帷幔田居水春磑城宿霜

鳴柝凝塵尚沉冥幽賞任飄泊行歌鮮同歡起

舞真獨作嘯詠氣頗雄攀躋力或弱樛木植幢

陰醜石㰤獸惡心恥婦女仁志薄游俠諾校書

楊雄官入粟卜式爵娛情愜會㛃失意被蜂蠆

佩履侍殿陛觚牘宴館閣傭童飼棧駒賤婢占

卷一 二

屋鵲上書顧封禪監祠議嘗約紅瓔綴花房碧

刺胥藜薄春旗天仗浮秋駕星河迴補袞子何

歌倚楹而吁雖千里之異殊何老壯之卒
適也世有索居肥遯鑿門塞竇尊委俚之
聞友汗青之朽是猶談智於尺寸測日於
戶牖猛虎嚵嚼幽猱悲啾獨行無儔謹操
其軜繫彼一士與時偕藏具大塊之清淑
服忠厚以自昌余將往而未得倚吳山以

◎图九七 元刻本《清容居士集》书影

清容居士集卷第一

賦

導游賦

陳郡袁桷家于甬之隅足不踰閾而四方交游往復之義亦能舉其槩聞吴興子昂趙子清名雅言爲作導游賦道予所藴亦以見夫思其人而不可見之意詞曰

嘗悲乎好游之士闃終歲而莫聞非秉志而媚私亦飾行以鶩群方其命車於王良假騄於造父過屠繒之沛弔弦歌之魯許身結志慷慨傴僂抗銅盤以矢辭握幽蘭而結賦炫華堂之冰雪眇脩途之霜露盖

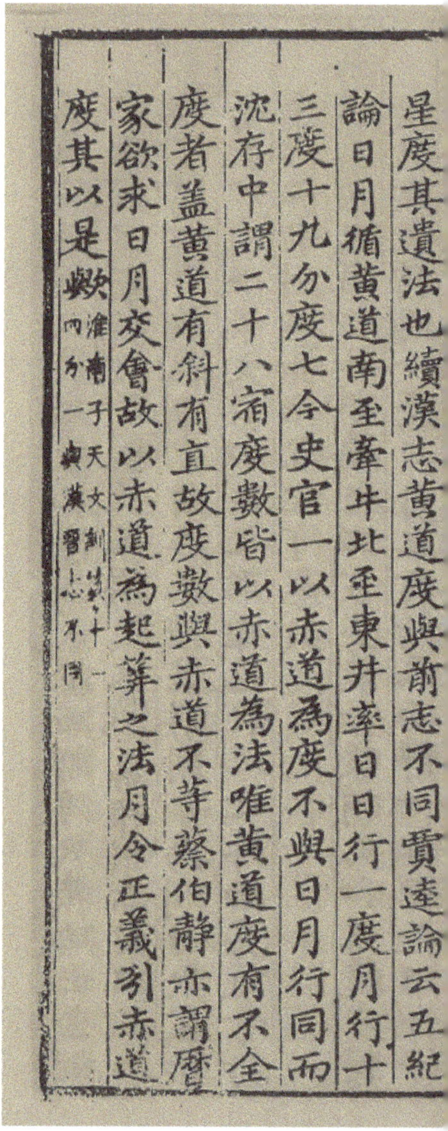

星度其遺法也續漢志黄道度與前志不同賈逵論云五紀論日月循黄道南至牽牛北至東井率日日行一度月行十三度十九分度七今史官一以赤道為度不與日月行同而沈存中謂二十八宿度數皆以赤道為法唯黄道度有不全度者蓋黄道有斜有直故度數與赤道不等蔡伯靜亦謂曆家欲求日月交會故以赤道為起筭之法月令正義引赤道度其以是歟淮南子天文訓箕十一四分一與漢曆志不同

◎图九八 《困学纪闻》卷九第三叶

為風輪所謂大氣舉之也澤七為水輪所謂浮天載地也金剛
乘天者道家謂之剛風岐伯謂之大氣葛稚川云自地而上
四千里之外其氣剛勁者是也張湛解列子湯問曰太虛無
窮天地有限朱文公曰天之形雖包於地之外而其氣常行
乎地之中則風輪依虛空可見矣
三禮義宗天有四和崑崙之四方其氣和暖謂之和天道左轉
一日一夜轉過一度日月左行於天而轉一日一夜而於四
和愚按周髀云天地四極四和注謂四和者謂之極子午外
酉得東西南北之中義宗之說本此
白虎通曰日月徑千里徐整長曆曰大星徑百里中星五十小
星三十晉魯勝正天論謂以冬至之後立表測影準度日月

星宿日月裁徑百里無千里星十里不百里未詳其說
月令正義引前漢律歷志二十八宿之度不載四分度之一愚

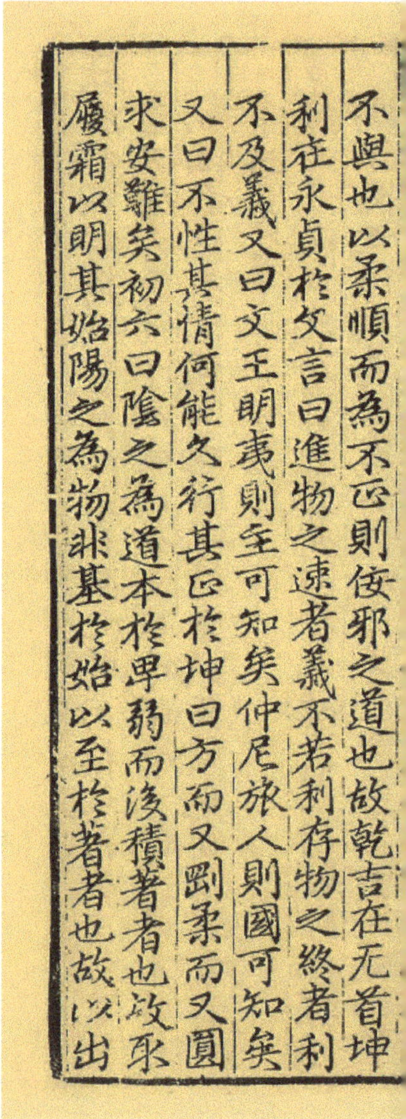

不與也以柔順而為不正則佞邪之道也故乾吉在无首坤
利在永貞於文言曰進物之速者義不若利存物之終者利
不及義又曰文王明夷則主可知矣仲尼旅人則國可知矣
又曰不性其情何能久行其正於坤曰方而又剛柔而又圓
求安難矣初六曰陰之為道本於卑弱而後積著者也故取
履霜以明其始陽之為物非基於始以至於著者也故以出

◎图九九　《困学纪闻》卷一第二十四叶

坎之六四曰樽酒簋貳用缶在險之時用禮之薄它爻之言酒者三需九五需于酒食困九二困于酒食未濟上九有孚于飲酒卦皆有坎文王周公以酒誥戒其象見於易其言詳於書三爻皆陽剛制之意也

莧陸夬夬項氏玩辭曰莧音丸山羊也陸其所行之路也猶鴻漸于陸之陸兑為羊在上卦有山羊之象愚按說文莧山羊細角也從兔足首聲讀若丸寬字從此徐鍇按本草注莧羊似麢羊角有文俗作羱

聖人不以位為樂也在易謂之虎尾在書謂之朽索深淵

先甲先庚吳祕注法言云周禮治象挾日而斂之鄭司農云從甲至癸謂之挾日是以易稱先甲三日先庚三日皆為申命

令之義獨取甲庚者以甲木主仁示其寬令也庚金主義示其嚴令也

程子謂學易先看王弼余謂輔嗣之注學者不可忽也於乾九

士相見義曰古者非其君不仕非其師不學非其人不友非其
大夫不見
鄉先生謂父師少師教于閭塾也古者仕焉而已者歸教於閭
里書大傳謂之父師少師白虎通謂之右師左師
庠爲鄉學有堂有室序爲州學有堂無室有室則四分其堂去
一以爲室故淺無室則全得其四分以爲堂故深

◎图一〇〇《困学纪闻》卷五第四叶

篋以成之多少為布之精麤大率四十繸為一成而兩繸共一繸正合康成之說（衰三升其麤者緦布冠三十升甚細者）

聘禮注君行一臣行二疏謂出齊語今按此晏子之言見韓詩外傳衛孫文子聘魯公登亦登叔孫穆子曰子不後寡君一等

皮樹注云獸名張鎰三禮圖云皮樹人面獸形（他書未見）

詩禮相為表裏賓之初筵行葦可以見大射儀楚茨可以見少牢饋食禮

燕禮公與客燕曰寡君有不腆之酒以請吾子之與寡君須臾焉使某也以請對曰寡君君之私也君無所辱賜于使臣臣敢辭（辭春秋辭命之辭義有自來矣）

覲禮諸侯覲于天子為宮方三百步四門壇十二尋深四尺加方明于其上陳宣帝太建十年立方明壇於婁湖以始興王

卷五第四叶（图一〇〇），如行书写法，点画飞动，线条纤细，书写轻松自然，无矜持拿捏之态。

卷七第十九叶（图一〇一），刀法爽利，点画厚重，笔法以方笔为主，转折处多为方折，棱角分明，刀痕明显，有魏碑之雄强霸悍之气势。

另外，卷二第三十一叶、三十三叶为手书抄配，字形隽秀精美，书法风格与原刻本一致。（图一〇二）

本书版心上镌刻的刻工姓名有王元吉、章宇、章子成、鲍成、王明、王子仁、张公、于成、以方等，又有茅、王、何、胡、齐、文、章、梁、张、详、古、观、仲、之、福、成、明、壬等单字。

最后再简述本书的刊刻原委。本书属于官刻本当中的路学刻本，由政府出面组织刊刻。庆元路儒学教授吴郡陆晋之云："泰定二年冬十月，浙东道宪司官行部，莅止甫访之暇，询

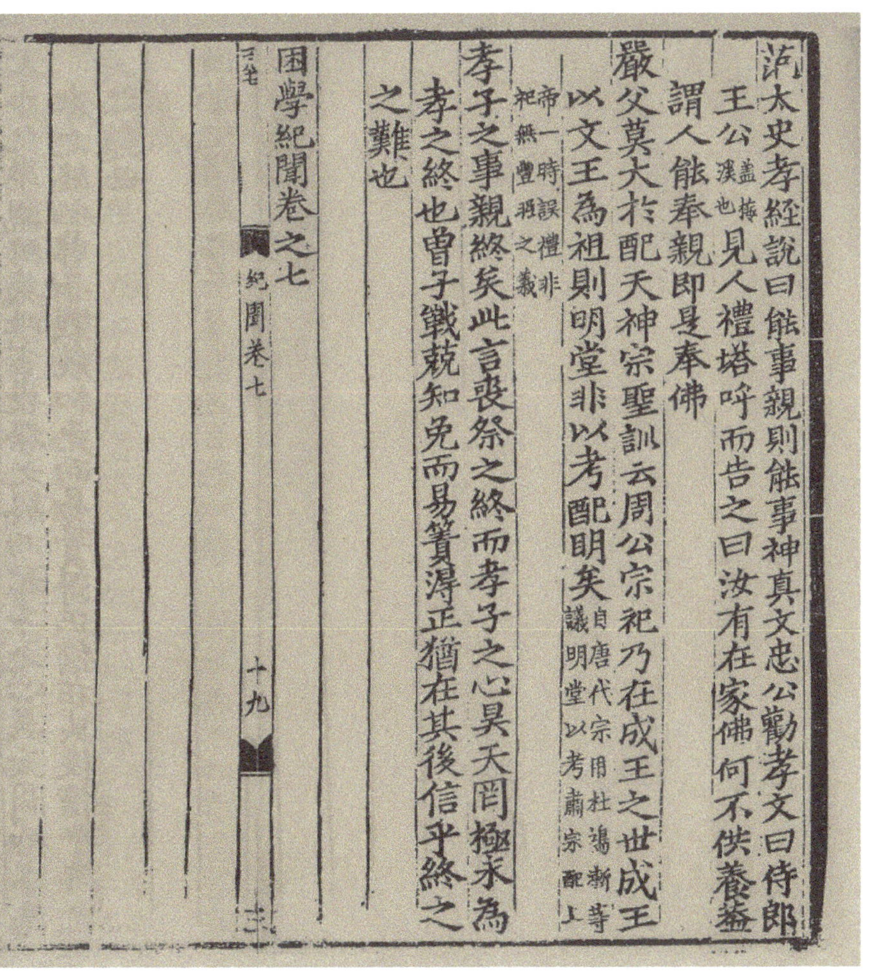
泝太史孝經說曰能事親則能事神真文忠公勸孝文曰侍郎王公蓋梅溪也見人禮塔呼而告之曰汝有在家佛何不供養蓋謂人能奉親即是奉佛

嚴父莫大於配天神宗聖訓云周公宗祀乃在成王之世成王以文王為祖則明堂非以考配明矣自唐代宗用杜鴻漸等議明堂以考肅宗配上帝一時誤禮非祀無豐昵之義

孝子之事親終矣此言喪祭之終而孝子之心昊天罔極永為孝之終也曾子戰兢知免而易簀得正猶在其後信乎終之之難也

困學紀聞卷之七

紀聞卷七　十九

◎ 图一〇一　《困学纪闻》卷七第十九叶

及是书，谓未有刊本，为学校欠事……于是，具辞申请之于总府，转达于宪司、宣慰司、都元帅府，咸是所请。乃鸠工度费，于学储给焉。工食之粟，则翰林学士袁先生倡助之。本学官及岱山长共助，以足其用。”[①] 这就是说，王应麟去世后，《困学纪闻》因资金问题，一直未刊行。元泰定二年（1325），由政府出面组织，庆元路学出工费，袁桷、陆晋之和当时的岱山长又慷慨解囊资助，以满足刻书的费用，遂刊成此书。袁桷是王应麟的学生，他在《王先生困学纪闻序》中也说：“先生年未五十，诸经皆有说，晚岁悉焚弃，而独成是书。其语渊奥精实，非䌷绎玩味不能解。下世三十年，肃正司副使燕山马速忽公、佥事保定孙公楫济川，分治庆元，振兴儒学，始命入梓。”

以聞吁華裔亦吴之祖伊歟
學古入官然後能議事以制伯夷以禮折民漢儒以春秋決獄
子産曰學而後入政未聞以政學者也荀卿始為法後王之
說李斯師之謂諸生不師今而學古太史公亦惑於流俗之

① 转引自马丽丽：《〈困学纪闻〉元刻本考述》，《古籍整理研究学刊》，2008 年第 4 期。

紀也

任章引周書曰將欲敗之必姑輔之將欲取之必姑與之戰國策

蕭何引周書曰天子不取反受其咎此豈蘇秦所讀周書陰符者歟老氏之言范蠡張良之謀皆出於此朱子云老子為柱下史故見此書

三墳書無傳宓犧唯易存而商高所云周天曆度周髀管子所云造六峚以迎陰陽者不復見管子輕重戊曰虙戲作造六峚以迎陰陽作九九之數以合天道而天下化之周人之王循六峚行陰陽峚字未詳許行為神農之言鼂錯述神農之教列子稱黃帝之書陰陽五行兵法醫方皆託之農黃而大道隱矣今有山氣形之書謂之連山歸藏坤乾元豊中毛漸得之西京或云張天覺得之比陽民家非古也列子引黃帝書即老子谷神不死章

有言遜于汝志艮之不拯其隨也惟學遜志謙之卑以自牧也遜一也而善惡異君體剛而用柔臣體柔而用剛君不遜志則為唐德宗之彊明臣而遜言則為梁丘據之苟同

周人乘黎祖伊恐商受能如震上六之畏鄰戒則无咎矣蜀漢

◎ 图一〇二 《困学纪闻》抄配叶

（《清容居士集》卷二十一）

政府主办，又有足够的资金支持，遂能雇请众多优秀的刻工。刻工们也的确技艺娴熟，奏刀准确，镌刻十分精细。刻工们刀法不同，旨趣有异，使本书字体呈现出多样化的风格特征，这从书法艺术的角度来讲，具有特殊的意义。

元刻本《梅花百咏》与《梅花字字香》

《梅花百咏》

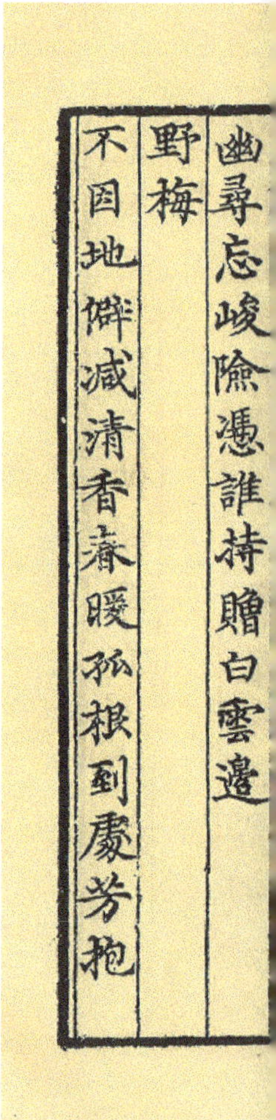

中国国家图书馆藏元至正刻本《梅花百咏》一卷，元韦珪撰。版框高二十点四厘米，宽十三点六厘米。每半叶九行，行十六字，细黑口，黑顺鱼尾，左右双边。版心中间镌“梅序”“梅吟”，下镌叶码，无刻工姓名（图一〇三）。

韦珪（生卒年不详），字德珪，自号梅雪，山阴（今浙江绍兴）人。韦珪早年以诗闻名乡里，其一生酷爱梅花，将自己读书的地方称为“梅雪窝”，《梅花百咏》是他的咏梅诗集。该集卷前有杨维桢、干文传序各一篇，

梅花百咏　　山陰韋珪賦

庭梅

玉立階除春正融清標不與衆芳同為花
掃雪開東閣人在光風霽月中

官梅

公庭凛〻雪霜姿凍合蠹衙想報遲索咲
家宜清白吏心如明月澹無私

江梅

花下寒潮漱石磯朔風卷雪濺苔衣西湖

梅咏　四

自有清香在只把吟蓬載月歸

溪梅

夜月灘頭浸玉寒暗香微度石橋邊一枝
帶雪橫清淺不礙中流訪戴船

◎ 图一〇三　元至正刻本《梅花百咏》书影

韦珪自序一篇，均为手写体。

杨维桢（1296—1370），一作维祯，字廉夫，号铁崖、铁笛道人，又号铁心道人、铁冠道人、铁龙道人、梅花道人等，晚年自号老铁、抱遗老人、东维子。山阴（今浙江绍兴）人。据《明史·杨维桢传》记载，杨维桢年少时，其父亲杨宏在铁崖山中筑一楼，绕楼植梅数百株，楼中藏书数万卷，然后撤掉楼梯，让维桢在楼上读书，饭食都用辘轳传送，持续五年之久，维桢因此自号“铁崖”。元泰定四年（1327）进士。杨维桢是元末明初著名诗人、文学家、书画家，元末诗坛领袖，“诗名擅一时，号铁崖体”，为后代文人所推崇，与陆居仁、钱惟善合称“元末三高士”。在书法方面，杨维桢擅长行书和草书。他的作品，楷书、行书、草书杂糅，并掺入隶书笔法；结字大小悬殊，欹正多变；笔

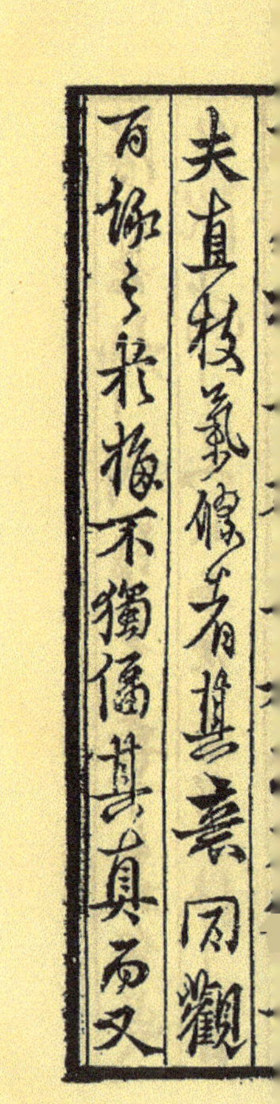

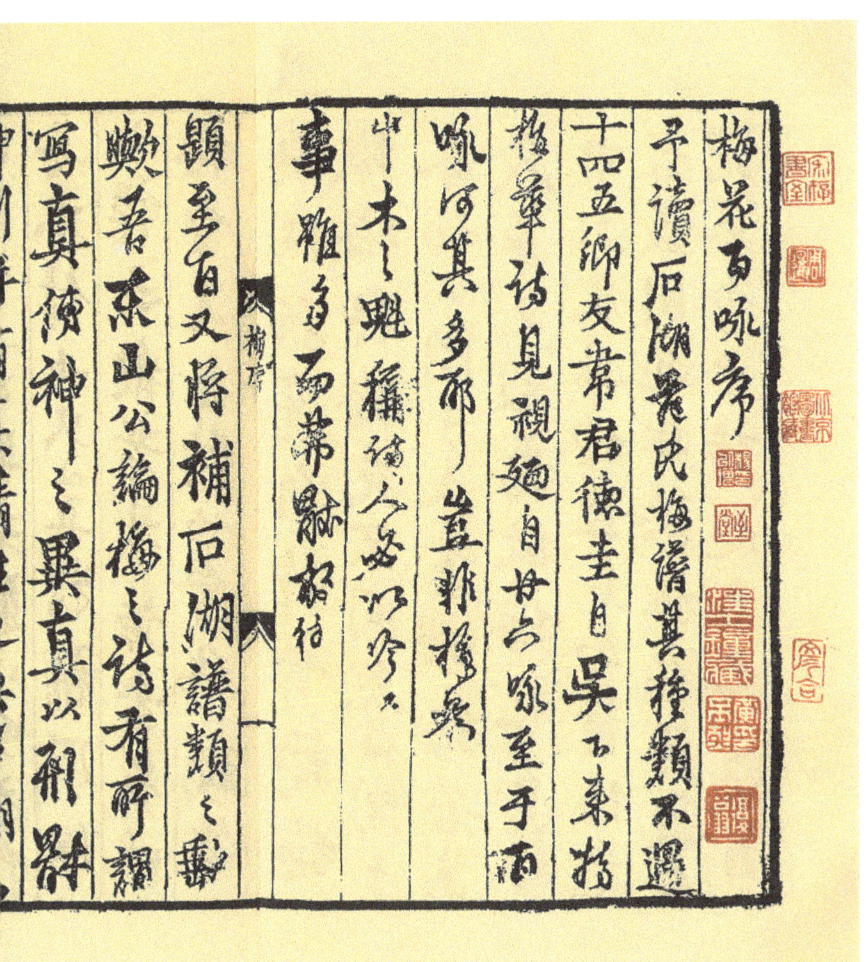

◎ 图一〇四　《梅花百咏》杨维桢序之一

法方圆兼施，点画粗细、轻重对比强烈；节奏激越跳荡，狂放不羁，气势逼人（图一〇四）。谈到元代书法，总绕不开赵孟頫，黄惇说："元代以赵孟頫书风为主流的书法，较之唐人缺雄放之气，较之北宋少奇逸之趣。"[1]而杨维桢"雄强""奇崛"书风的出现，则为元代书坛注入了新的活力。

杨维桢的书法作品传世较多，从书法风格上看，这篇序文为杨维桢亲笔手书无疑。序文的结尾有"杨氏廉夫""铁笛道人""会稽杨维桢印"三方印记（图一〇四、图一〇五）。

干文传（1276—1353），字寿道，号仁里，晚号止斋，平江（今江苏苏州）人。《元史·干文传》载：延祐二年（1315）登进士第，授昌国州同知，历长洲、乌程两县尹，升婺源、吴江

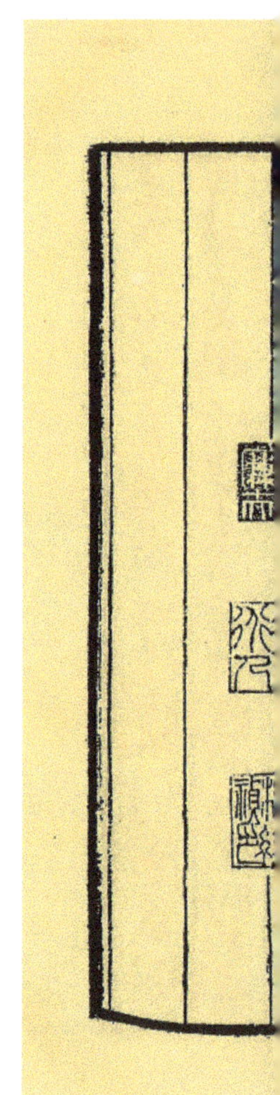

① 黄惇：《中国书法史·元明卷》，江苏教育出版社，2009年，第4页。

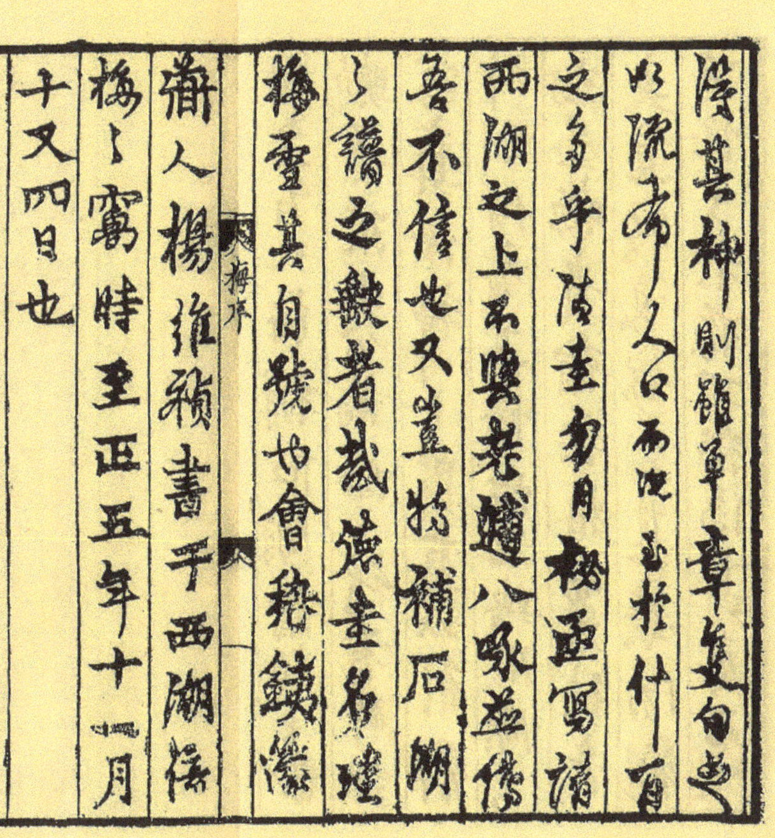
浸其神則雖單章隻句迺
以流布人口而况至於什百
之多乎德圭翁月梅畫寫諸
西湖之上求與老鐵八詠並傳
吾不信也又豈特補石湖
ゝ譜之缺者哉德圭名珪
梅雪其自號也會稽鐵篴
衜人楊維禎書于西湖濰
梅ゝ窩時至正五年十二月
十又四日也

梅序

◎ 图一〇五　《梅花百咏》杨维桢序之二

知州。至正三年（1343）召入朝，预修《宋史》，书成，授集贤待制，不久以嘉议大夫、礼部尚书致仕。干文传的书法体态秀美，笔势灵动圆活。其传世作品有《袁易行书钱塘杂诗跋》（上海博物馆藏）和《朱熹城南唱和诗卷跋》（故宫博物院藏）等。这篇序文，字体虽然经过了刻工的“再创作”，但隽秀流美，风格典雅，应是干文传亲笔手书。序的结尾处有“晋良史裔”“止止斋”“颍川郡侯世家”三方印（图一〇六、图一〇七）。

韦珪不仅诗写得好，书法亦佳。这篇楷书自序，略有欧、柳笔意，在书写中也掺入了一些行书的写法，灵活生动，清秀俊逸。前两行楷书，字体方正，结构严谨。可能是作者刚刚执笔，书写略显拘谨。从第三行开始，书写逐渐自然放松，但行笔精谨扎实，无一丝懈怠；字体随势赋形，大小错

不泥者矣雖舍其題而觀之人孰曰不可選一題
一詠之中或言志或感興或寫情寓意而發

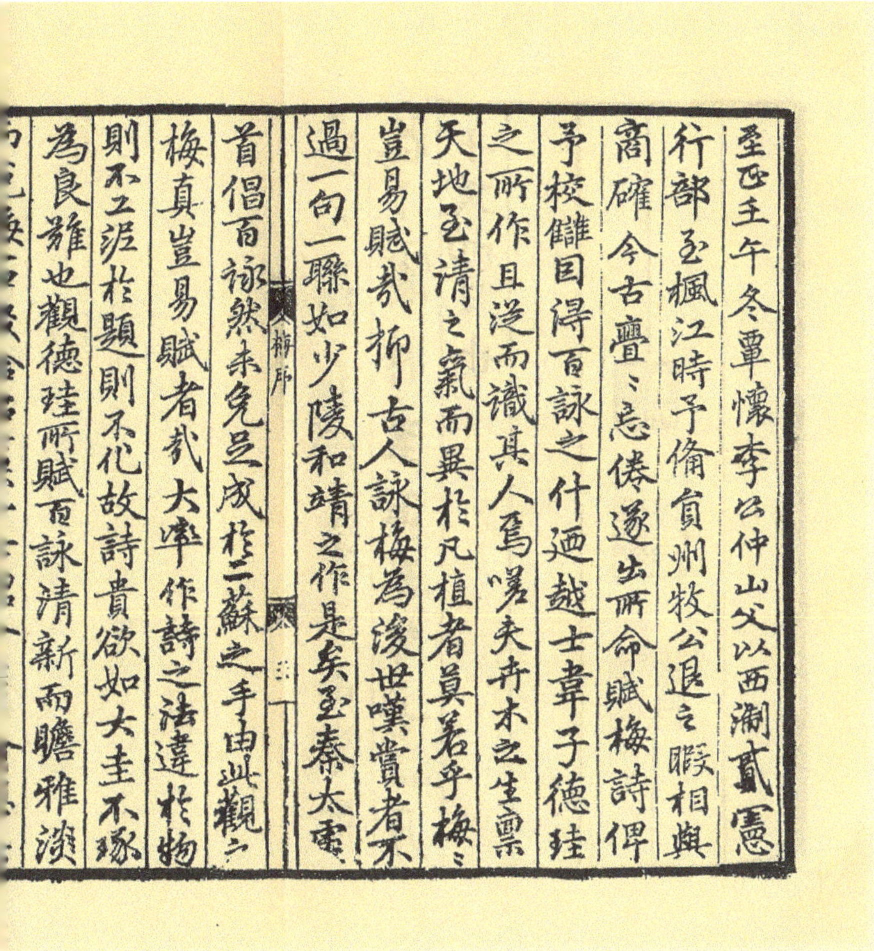

至正壬午冬覃懷李公仲山父以西湖貳憲行部至楓江時予備員州牧公退之暇相與商確今古亹亹忘倦遂出所命賦梅詩俾予校讎因得百詠之什迺越士韋子德珪之所作且從而識其人焉嗟夫卉木之生禀天地至清之氣而異於凡植者莫若乎梅梅豈易賦哉抑古人詠梅爲後世嘆賞者不過一句一聯如少陵和靖之作是矣至秦太虚

梅序　三

首倡百詠然未免足成於二蘇之手由此觀之梅真豈易賦者哉大率作詩之法違於物則不工泥於題則不化故詩貴欲如大圭不琢爲良難也觀德珪所賦百詠清新而贍雅淡

◎ 图一〇六　《梅花百咏》干文传序之一

落有致。这是我们目前所能见到的韦珪的唯一一件精彩的书法作品，洵为珍贵（图一〇八）。

《梅花百咏》始作于元至正二年（1342）十一月，韦珪自序云：“至正二年冬十一月，覃怀梅庭李仲山公持西州宪节，按治姑苏，公馀命赋梅廿六绝，因摭遗题补缀百咏。”至正五年（1345）十一月，韦珪携完成的《梅花百咏》诗稿请杨维桢作序。杨维桢在序中称韦珪为“乡友”，并说：“德圭名珪，梅雪，其自号也。”至正七年（1347），韦珪又请干文传作序，并“徵诸寿道干公考订而误为加点”。干文传在序中说：“大率作诗之法，违于物则不工，泥于题则不化。故诗贵欲如大圭不琢为良，难也。观德珪所赋百咏，清新而赡，雅淡而葩，梅事掇拾殆尽，尤善脗合于引喻。想其冰雪肺肝，吐此妍辞丽句，可谓远

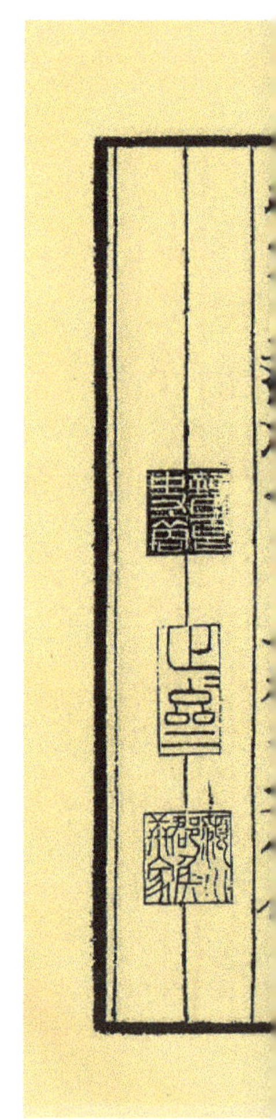

淂其趣者興盖梅之清非詩無以發詩之清
匪梅無以詑曾不知梅清於詩邪詩清於梅
邪世必有九方皋之目者在予何庸贅德珪
甞顏其讀書之窩曰梅雪則其嗜吟清苦之
志固可見已何當敲石火煮雪水命童子
歌此詩於花下之窩斯亦林泉之真樂也後予被
召預脩三史由集賢以春官致仕還吳頓瞻
庭梅倒指數易花矣德珪訪予山之齋追

梅序　四

話疇昔之好嗒然同一清夢不知老之將至
唯興後生可畏之歎耳語既復徵予言故
履歷其所以如斯予聞李公拜河南省參知
政事致政歸燕山為梅庭主人德珪異日述

◎ 图一〇七　《梅花百咏》干文传序之二

而不违，近而不泥者矣。”又说：“德珪尝颜其读书之窝曰‘梅雪’，则其嗜吟清苦之志，固可见已。”韦珪自序落款也署“山阴韦珪梅雪窝书”，并镌有“圭”“梅雪”“五云韦氏德圭”三方印记。此足见其爱梅成癖，以梅自况之情志。

《梅花百咏》目录和正文加在一起共二十二叶，字体纯以手写体上版，古雅清逸，写、刻俱佳。用笔柔韧爽利，笔画瘦硬挺拔，劲健舒放。我们虽然不知道书写者的姓名，但透过字迹，可窥见这位无名书法家上承晋唐书法蕴藉清雅的品格。

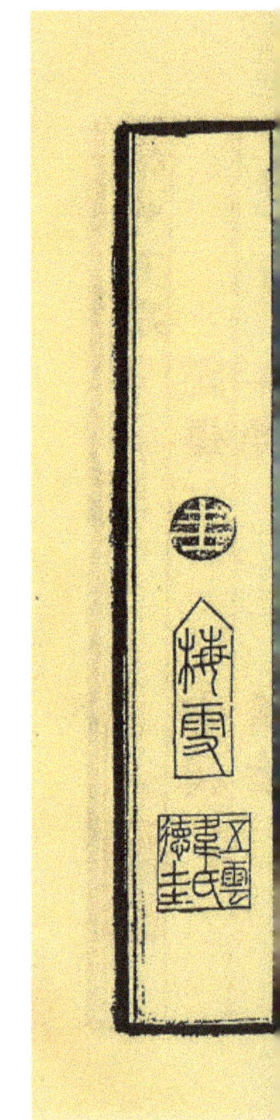

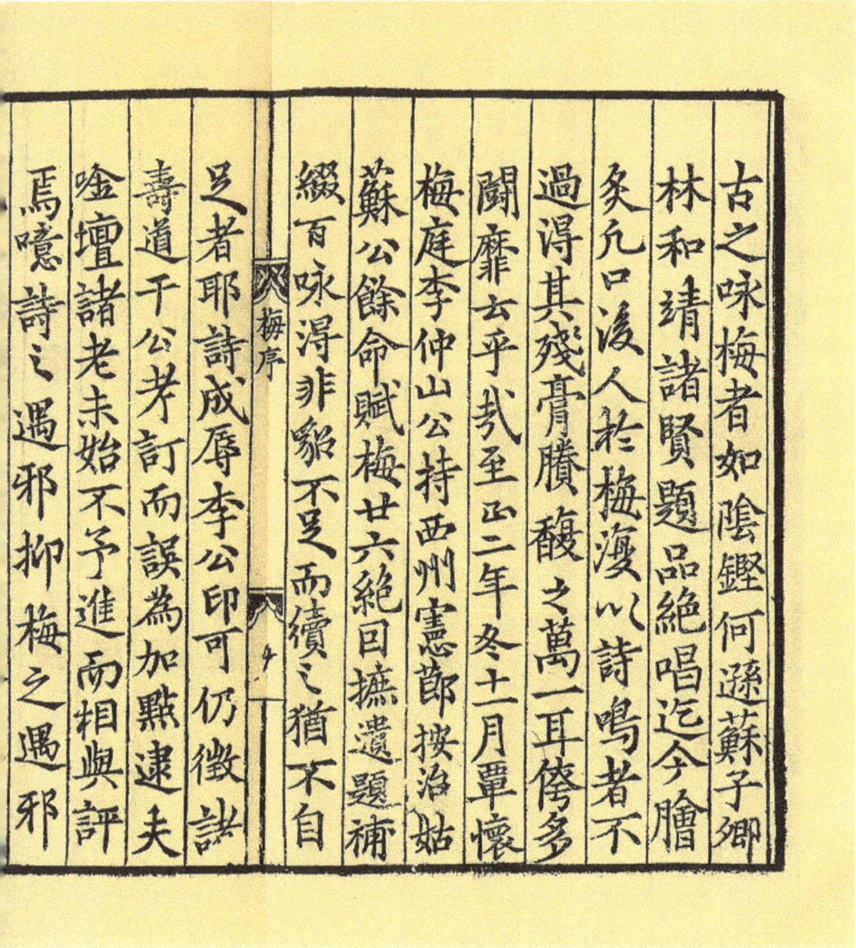

古之咏梅者如陰鏗何遜蘇子卿林和靖諸賢題品絶唱迄今膾炙人口後人於梅復以詩鳴者不過得其殘膏賸馥之萬一耳傍多闒靡非古乎哉至正二年冬十一月覃懷梅庭李仲山公持西州憲節按治姑蘇公餘命賦梅廿六絶因摭遺題補綴百咏得非貂不足而續之猶不自足者耶詩成辱李公印可仍徵諸壽道于公考訂而誤為加點逮夫唫壇諸老未始不予進而相與評焉噫詩之遇邪抑梅之遇邪

梅序 4

◎ 图一〇八 《梅花百咏》韦珪序

《梅花字字香》

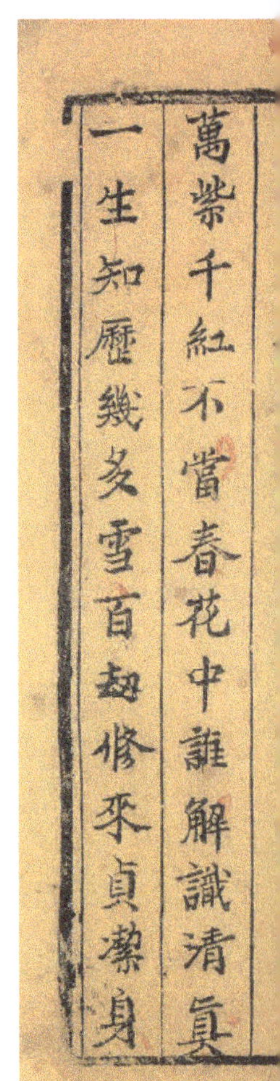
萬紫千紅不當春花中誰解識清眞
一生知歷幾多雪百刼修來貞潔身

中国国家图书馆珍藏的另一部咏梅诗集是《梅花字字香》（图一〇九）。

《梅花字字香》二卷，元郭豫亨撰，元至大（1308—1311）刻本。版框高二十五点九厘米，宽十七点六厘米。半叶七行，行十四字，白口，左右双边，黑对鱼尾，版心促狭，中间只记叶码，无刻工姓名。

《梅花字字香》是郭豫亨集前人咏梅诗句而成的一部诗集。郭豫亨，自号梅岩野人。其生卒年月、生平事迹不详。李致忠先生根据元末明初王

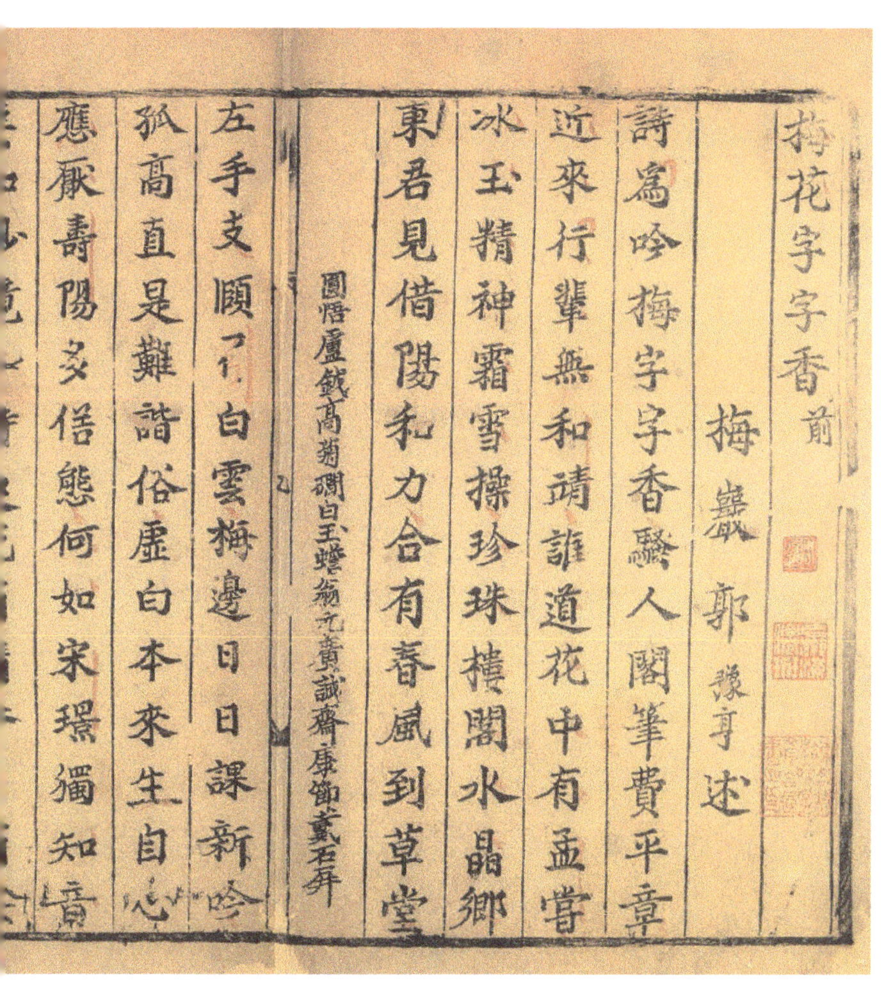

◎ 图一〇九　元至大（1308—1311）刻本《梅花字字香》书影

逢《梧溪集》卷五收王氏《俭德堂怀寄》诗二十二首，其中一首小序中的记述得知：郭豫亨为西江（今属江西）人，曾与中州（今属河南）人彭素云同崇上清，并学全真，为道家者流。①

此书卷前有郭豫亨写于至大辛亥（1311）的自序一篇，手写体，字体为章草，章法茂密，古朴苍劲（图一一〇）。元代的章草，开风气之先者，当属赵孟頫。其传世作品有临《急就章》和《六体千字文》中的章草部分。其后又有邓文原、俞和等，他们大都是摹写皇象《急就章》，略有刻板造作之态。

谢稚柳主编的《中国历代法书墨迹大观》（八）收录有赵孟頫于至大二年（1309）临写的《急就章》，《急就章》比郭豫亨的这篇序文还要晚一

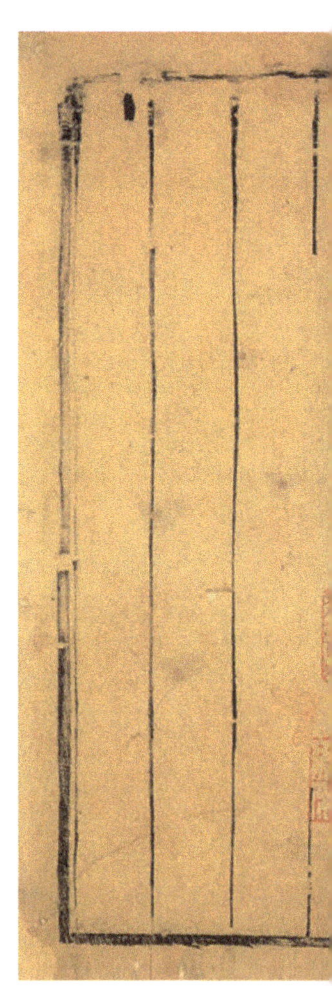

① 参见李致忠：《昌平集》，上海古籍出版社，2012 年，第 667 页。

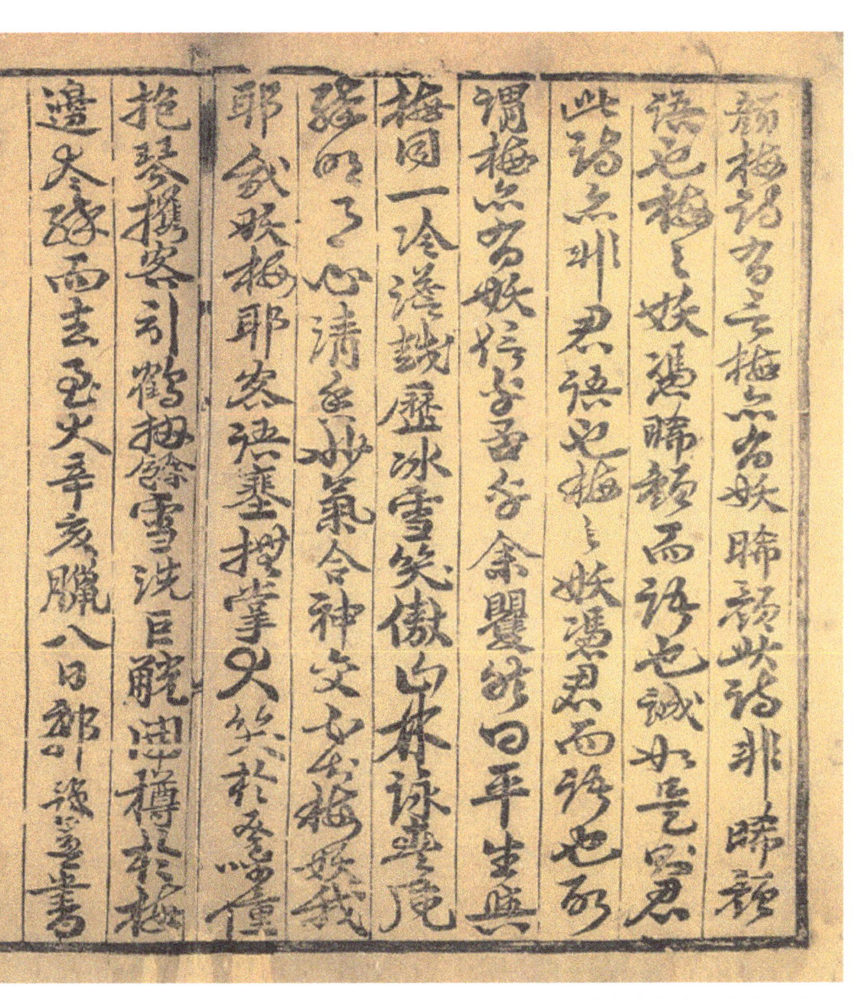

顏梅詩有云梅亦有妖睇顏此詩非睇顏
語也梅々妖憑睇顏而詩也識如是則君
此詩亦非君語也梅々妖憑君而詩也耶
謂梅亦有妖於予乎余矍然曰平生與
梅同一冷淡鐵石冰雪笑傲山林詠梅凡
幾曉了心清無妙氣合神交者梅妖我
耶余妖梅耶客語塞撫掌大笑於焉吟債
抱琴攜客引鶴梅餘雪洗巨觥咀嚼於梅
邊天陰而書至大辛亥臘八日郭豫亨書

◎ 图一一〇 《梅花字字香》郭豫亨序

年。从赵孟𫖯的《急就章》中看出，赵氏章草虽有法度，但笔力柔弱，古意大减。郭豫亨的这篇自序，书法风格接近于隋人《出师颂》，笔触自然，墨气淋漓，苍郁深厚，是一件优秀的章草作品。元代书法史上应该书上郭豫亨一笔。

郭豫亨在序中说："余爱梅花，自号梅岩野人，凡见古今诗人梅花杰作，必随手抄录而歌咏之，积以岁月，遂成巨编。熟之既久，若有所得，暇日辄集其句得百篇，目为字字香。其间句煅意炼，璧合珠联，亦有天然之巧者，吾不知其为古作也。"最后，又表达了自己以梅自况和超然物外的心境："平生与梅同一冷淡，越历冰雪，笑傲山水，咏春风，醉明月，心清香妙，气合神交，不知梅妖我耶，我妖梅耶？"

此写刻本《梅花字字香》，行格疏朗，刻印俱佳。钱曾（1629—1701）称："字画劲秀，亦如梅之老干虬枝，亚影疏窗，殊可爱也。"（《读书敏求记》卷四）赵万里也说："字画古劲，为元刻中杰作。"[1]足见其版本价值和艺术价值。本书的字体风格独特，结字方正淳厚，

① 北京图书馆编：《中国版刻图录》，文物出版社，1961年，第62页。

自然质朴；笔画沉着，转折处方峻刚利，颇有魏碑雄强刚劲之风。

元刻本《梅花百咏》和《梅花字字香》，其版刻字体，对元代书法史和元代版刻字体风格的研究具有特殊的意义。

www.ingramcontent.com/pod-product-compliance
Lightning Source LLC
LaVergne TN
LVHW051117180726
843512LV00012B/861

9787201185538